DU MANAGEMENT **panique** À L'ENTREPRISE DU XXIe SIÈCLE

Michel
CROZIER

Hervé
SÉRIEYX

présentent

DU MANAGEMENT **panique** À L'ENTREPRISE DU XXIe SIÈCLE

Textes rédigés par Jean-Marc SALVET

MAXIMA
LAURENT du MESNIL • ÉDITEUR

Le développement de visions et d'attitudes nouvelles devient une des conditions *sine qua non* pour assurer la compétitivité de nos entreprises et de notre société. Bref, réinventer l'organisation nécessite de changer nos façons de penser en s'inspirant les uns des autres et en partageant nos expériences les plus prometteuses d'avenir.

En misant sur l'ouverture au monde, le partage et l'action, le **Groupe Innovation,** vaste réseau d'entreprises publiques et privées canadiennes, entend supporter et stimuler le développement et l'émergence d'un management avant-gardiste et performant.

Michel Crozier et **Hervé Sérieyx** ont tenu à s'associer à cette démarche et présentent au public européen et africain la synthèse — rédigée par **Jean-Marc Salvet** — des travaux de la conférence internationale « A la recherche de l'organisation de demain » qui réunissait des intervenants aussi célèbres que Michel Rocard, Charles Hampden-Turner, Omar Aktouf, Warren Bennis, François Perdrizet et Noel Tichy.

GROUPE QUÉBÉCOIS DE VIGIE ET D'INNOVATION

GI

GROUPE INNOVATION

MAXIMA
LAURENT du MESNIL • ÉDITEUR

ISBN : 2.84001.053.4

Avant-propos

À la recherche de l'organisation de demain

Renouveler l'organisation certes, mais comment ? Dans certains cas, pensons à l'administration publique, la question devient : est-ce possible ? Admettons-le, ce chantier ne sera pas de tout repos car organisation de demain ou pas, l'objectif du management demeure le même : générer des résultats, à court, moyen et long termes pour les clients, les employés, les actionnaires et la collectivité. Les modes managériales et les organisations qui ne répondent pas aux attentes et aux besoins de ces divers groupes ont peu d'avenir. A priori, entre les organisations d'aujourd'hui et celles de demain les buts demeurent les mêmes, mais la façon de les atteindre changera. Un certain management caractérisé par le « volontarisme » des patrons devra s'éclipser au profit de mode de fonctionnement plus souple et plus autonome. Plus profondément, c'est au cœur du management que l'organisation sera transformée par la déhiérarchisation.

Depuis une décennie, nous sommes tous plus conscients de l'importance du client mais aussi de la participation et de l'engagement de tous ceux qui travaillent dans l'entreprise. Ce type de management qu'on a appelé la qualité totale couplé à l'informatisation aura eu des effets non négligeables sur la vie de nos sociétés. Et bien qu'il reste beaucoup à faire, on peut déjà concevoir que les employés dans un avenir plus ou moins lointain seront en mesure de servir immédiatement et directement les clients. Ils auront l'autonomie et les informations nécessaires pour répondre sur-le-champ sans avoir à se référer constamment à leurs cadres supérieurs. Cette souplesse et cette autonomie risquent bien de donner le coup de grâce à l'ancienne organisation bureaucratique.

Des patrons-animateurs-formateurs, des conseillers et conseillères plutôt que des gérants, tout cela peut faire sourire et paraître naïf, pourtant l'informatisation, la robotisation sont là pour durer. L'aplatissement de la structure organisationnelle est bel et bien commencé et tous les jours des postes de cadres intermédiaires disparaissent.

Tom Peters écrit dans son dernier livre *L'entreprise libérée* que le paradigme de l'organisation de demain ressemblera à une équipe de production cinématographique : des créateurs compétents seront rassemblés autour d'un projet plus grand qu'eux-mêmes. En fait la question à poser ne serait-elle pas plutôt : avons-nous encore le choix de résister au changement ? Or, nous savons que les entreprises n'ont déjà plus le choix, car la pression de la concurrence est telle qu'elles doivent, bon gré mal gré, s'adapter avec toutes les difficultés que cela comporte. Toutefois, pour l'administration publique qui ne subit pas cette pression immédiate de la concurrence, la question se pose. Il n'empêche que la pression qui s'exerce pour que le secteur public s'adapte est énorme. De jour en jour la critique se fait plus présente. On réclame des organisations publiques qu'elles se débureaucratisent, pour qu'elles vivent selon leurs moyens, pour qu'elles s'humanisent et se personnalisent. Les administrations publiques devront changer : défi de taille, car il est collectif.

Nous ne pouvons cependant espérer qu'elles y arrivent seules, car l'État moderne qu'on a appelé « libéral» est issu d'une éthique collective. Cette morale a forgé au fil des ans les principes et les règles qui nous gouvernent. Pensons à la responsabilité, à la transparence, à la neutralité des appareils de l'État et au contrôle des deniers publics. Les bureaucraties publiques se sont construites sur des modèles de management centralisés, aujourd'hui dépassés. Les citoyens et les corporations versent chaque année plus d'argent à l'État qu'ils n'en reçoivent. Pire, à cause de la dette, le problème s'amplifie de façon constante. Examinons ce modèle tel qu'il fonctionne par exemple au Canada.

L'affectation des budgets de l'État est décidé au central, par le Conseil du Trésor, le ministère des Finances, puis voté par le Parlement. Ces budgets sont ensuite programmés par les ministères, autorisés à nouveau par le Trésor et contrôlés par le Vérificateur général.

Ces montants affectés, programmés et contrôlés par le central sont périodiquement revus à la baisse avant d'être délégués à des pouvoirs ou des instances régionales. Cette révision périodique des programmes se traduit inéluctablement en « coupures » ce qui entraîne systématiquement des reprogrammations et ce, à tous les niveaux des appareils de l'État. Les administrations locales, les hôpitaux, les écoles, les municipalités auront à gérer ces sommes, avant de les déléguer à nouveau à des instances subalternes ou à des organismes divers. Et tout cela dans un contexte de règles, procédures, règlements et contraintes qui tient de l'opéra-bouffe. Cela semble une caricature, pourtant la réalité est encore plus complexe et cynique.

Sans virage important, sans stratégie pour le changement, ce type de gestion moyenâgeux hypothéquera l'avenir de nos sociétés. Bien que nous ressentions l'impératif d'actualiser le management de l'État, on ne peut penser que cela se fera par un claquement de doigts ou par quelques discours simples et trop courts dont le seul credo réside dans les coupures. Le défi est de taille, est-il besoin de le répéter.

Les 4, 5 et 6 avril derniers, le Groupe Innovation tenait sa première grande conférence internationale. En se mettant « À la recherche de l'organisation de demain », le Groupe Innovation proposait une réflexion inédite et de grande envergure sur les phénomènes qui bouleversent notre temps.

L'intérêt fut manifeste, et ce bien avant que ne se tienne la conférence. De toute évidence, cela répondait à un besoin et offrait un niveau de réflexion correspondant aux attentes des dirigeants et dirigeantes de nos organisations.

La conférence a attiré pas moins de 1 200 personnes provenant d'organisations privées, publiques ou parapubliques, ce qui non seulement témoigne d'un succès réel mais surtout de l'ampleur du besoin ressenti par des leaders venus de tous les horizons qui avaient à cœur le développement d'une gestion innovatrice et performante au sein de leurs entreprises.

En tant qu'agents de changement voulant exercer une vigie attentive aux mouvements qui affectent nos sociétés et pour être fidèles à notre intention de faire partager au plus grand nombre une réflexion essentielle sur les enjeux de notre temps, nous ne pouvions en rester là, ni nous contenter de publier de simples actes de colloque plus ou moins digestes. Voilà pourquoi nous avons cru important d'éditer et de publier la réflexion-synthèse que nous vous proposons dans cet ouvrage.

Avec Jean-Marc Salvet, collaborateur au journal *Le Devoir* et à la revue *Commerce,* nous avons rassemblé les propos tenus par les conférenciers autour des thèmes majeurs de cet événement : les changements qui affectent nos sociétés, les moyens concrets auxquels recourir pour transformer nos organisations et le nécessaire leadership pour passer à l'action.

L'événement « À la recherche de l'organisation de demain » n'a pas répondu à l'ensemble de la problématique, loin de là, et beaucoup reste à faire. Nous poursuivrons néanmoins la réflexion en misant sur le goût d'apprendre, en nous inspirant mutuellement pour nous doter de stratégies pour le changement, pour accroître notre richesse collective et nous affranchir de cette mode pernicieuse qui consiste à avoir recours systématiquement aux mises à pied.

Jean-François Duchaine
Robert Filion

Groupe Innovation

Michel Crozier

Le temps de l'innovation

Nous vivons la plus grande époque de mutation de l'humanité depuis la Révolution Industrielle. De cette crise douloureuse d'enfantement nous n'apercevons que les difficultés et les drames du monde ancien qui se défait. Nous réagissons trop souvent en nous laissant aller à des craintes irréfléchies ou à des rêves utopiques. Or, paradoxalement, notre problème ne peut plus être celui des grands choix de société ou même celui des très grandes décisions. Plus nous sommes dans l'incertain, plus l'essentiel devient de construire et d'innover dans le concret. Car il n'y a pas de changement efficace possible sans construction et sans innovation. Et pas d'innovation sans innovateur.

L'innovation, toutefois, change de nature. L'engagement de l'innovateur n'est plus celui de l'homme seul contre les forces du conservatisme. Ce n'est plus celui de l'idée générale et de l'intendance qui devra suivre. Ce que demande la société, c'est bien sûr toujours de l'imagination, mais une imagination qui s'incarne dans la réalité. Le temps des rêves et des utopies est passé. Vient de plus en plus le temps du travail et pas celui du travail solitaire mais celui de la mise en œuvre et de l'expérimentation avec autrui et pour autrui.

On ne réussira plus désormais que par la mobilisation de toutes les ressources humaines affectées par le changement. Et le changement n'est plus celui des choses, celui de la nature mais celui des hommes et plus particulièrement celui de leurs rapports les uns avec les autres. Ce qui veut dire que notre défi c'est d'abord le défi du changement de soi pour soi par l'apprentissage d'une autre façon d'œuvrer avec autrui.

Dans un tel contexte l'innovation devra être beaucoup fondée sur la réalité concrète des rapports humains. L'innovateur, bien sûr, restera un concepteur qui, à partir d'une nouvelle façon de voir les choses, saura réussir à renverser les termes des problèmes pour les poser autrement. Mais pour renverser les termes d'un problème, il faut être capable de l'analyser plus profondément. Cela veut dire qu'il faut s'ancrer dans la réalité pour la percevoir en termes à la fois plus aigus et plus complexes. L'innovateur n'est plus quelqu'un qui invente une solution nouvelle, mais quelqu'un qui fait prendre conscience des possibilités que va ouvrir une connaissance plus imaginative de la réalité.

C'est donc quelqu'un qui d'abord sait écouter la réalité, qui donc sera, à cause même de son ambition, réaliste et modeste.

Un tel leader ne peut plus, ne doit plus être considéré comme d'une essence supérieure. Ce n'est plus ni un gourou qui disposerait d'une double vue, ni un technocrate qui s'imposerait par ses compétences extraordinaires. C'est quelqu'un qui est capable d'écouter plus profondément le collaborateur, le client, le citoyen, le partenaire, le concurrent et qui peut réinterpréter la complexité du monde.

C'est quelqu'un aussi qui sait écouter les personnes, non pas dans leurs volontés abstraites et dans leurs rêves, mais comme des acteurs dans la part de responsabilité qui est la leur, dans leurs relations les uns avec les autres à travers lesquelles ils perpétuent le monde dont ils se plaignent.

Si nous voulons répondre aux défis multiples d'un temps de mutation qui nous bouleverse profondément de plus en plus, un immense effort est nécessaire. Il s'agit de nous mobiliser nous-mêmes dans et par l'innovation. Ce qui veut dire accepter de prendre des responsabilités et d'accepter que les autres en prennent, que le problème du leadership devienne le problème de tous.

Que d'abord l'image du leader remplace celle du gestionnaire et l'image du patron responsable celle du technocrate qui sait tout. Mais qu'en même temps nous soyons capables de concevoir qu'il ne faut pas rejeter le problème de l'autorité sur autrui. Pour mériter les leaders et les patrons dont nous avons besoin, il faut que nous prenions nous aussi notre part du rôle de leader et de patron.

Qu'on lise ce petit livre de nos cousins et amis québécois et de leurs invités du monde entier pour y trouver non pas des formules et des recettes mais des exemples, une inspiration, un élan qui nous répondent et nous devancent.

Qu'on le lise surtout pour réfléchir autrement sur le problème de la formation de nos élites.

Jamais nos élites n'ont été plus mal formées pour la tâche à laquelle elles devront faire face.

Comment faire pour qu'elles apprennent la modestie du service ?

Comment faire pour qu'elles découvrent qu'il est plus efficace de **travailler avec** que d'avoir raison ?

Comment faire pour qu'elles apprennent à créer les conditions pour rendre possible que d'autres qu'elles prennent plus de responsabilités ?

Pour qu'elles apprennent à écouter plutôt qu'à commander ou à discourir.

Pour qu'elles découvrent qu'il est plus important de faire émerger un beaucoup plus grand nombre de leaders en dehors et à côté d'elles que d'imposer la solution optimale.

Hervé Sérieyx

Manager comme hier est une faute professionnelle

Quand on affronte les réalités de demain avec les idées d'hier, on pratique ce « management-panique » qui conduit aux drames d'aujourd'hui. Le confirment les licenciements massifs qui accélèrent la spirale de la déconsommation et donc de la récession, accroissent la démotivation de ceux qui restent, augmentent la défiance vis-à-vis d'une classe dirigeante sans vision ni imagination. Le confirme aussi la vogue imbécile de la *lopezomania* [1] qui, par un jeu très rapide d'effets en cascades, risque de précipiter tout le tissu européen des P.M.E., des sous-traitants et des fournisseurs dans une course sans espoir. De rabais exigé en rabais exigé, elle ne peut conduire qu'à l'abîme et à la désertification de pans entiers de l'économie. Le confirme aussi, dans tant de grandes entreprises, la résurgence de vieux comportements de violence hiérarchique, les ricanements de directeurs des Relations humaines sur « le projet d'entreprise, les cercles de qualité, le management participatif, toutes ces vieilles lunes des années 80 », directeurs des Relations humaines souvent tout fiers d'annoncer de beaux tableaux de chasse : « Cent cinquante licenciements, et vous n'en avez même pas entendu parler. »

L'acharnement de ces managers du court terme à détruire les nécessaires partenariats entre acteurs économiques complémentaires, à détruire tout désir d'engagement individuel et collectif, à stériliser

1. Du nom de l'acheteur Iñaki Lopez, passé de General Motors à Volkswagen et connu pour sa capacité à exiger toujours plus de rabais de ses fournisseurs et de ses sous-traitants jusqu'à les rendre exsangues.

toutes les créativités, est tout simplement sidérant. Ces managers qui se comportent comme de véritables Attila de l'économie — derrière eux les intelligences engagées ne repousseront plus — tendraient à démontrer que la société de l'information est une vaste blague. Pourtant, nombreux sont les signes qui confirment que ces prédateurs livrent un combat d'arrière-garde. Comme le rappelle Edgar Morin : « Toute crise grave appelle deux types de réponses : l'une tournée vers des solutions nouvelles qui entraînent une complexité nouvelle ; l'autre qui régresse vers le fondamentalisme. » [1] Les fondamentalistes patronaux ont une guerre de retard. La plupart des observateurs du monde annoncent en effet un autre combat. De Peter Drucker à Robert Reich, de John K. Galbraith à Michel Crozier, de Michael Porter à Akio Morita, de Thierry Gaudin à Thierry de Montbrial, de Alvin Toffler à Edgar Morin, tous évoquent l'irruption d'une nouvelle civilisation du savoir où ne triompheront que ceux qui sauront conjuguer et multiplier les intelligences autonomes et solidaires. L'inverse de ce que produisent des employés humiliés, apeurés, dociles, conformes, qu'une lutte pour sauver leur peau encourage au « chacun pour soi ».

Américains, Canadiens, Japonais, Anglais, Français, les participants au forum international de Montréal, en avril 1993, ont tous confirmé ce constat. Organisé par le Groupe Innovation [2], ce forum réunissait pendant trois jours deux mille responsables internationaux autour du thème *Quelles organisations pour demain ?* Tous les intervenants, dont certains sont mondialement connus [3] — chefs d'entreprise, économistes, sociologues, consultants — portaient en dépit de la diversité de leurs pays et de leurs cultures d'origines, un même jugement sur l'évolution, à bref délai, des organisations, et des méthodes de management qui devraient s'y déployer. Pour garder un minimum d'efficacité, les organisations devraient privilégier la vie plutôt que l'ordre, l'écoute plutôt que la violence, un fonctionnement transverse, en réseau, plutôt qu'un fonctionnement vertical en pyramide, l'initiative plutôt que la docilité, la décentralisation et l'auto-organisation plutôt que la centralisation et les manuels de procédures prédéfinis et intangibles, la recherche de solidarités actives entre donneurs d'ordres, sous-traitants, distributeurs, clients plutôt que l'exacerbation des rapports de forces, des maillages avec les autres acteurs de la cité (université, recherche, collectivités locales...) plutôt que l'isolement pour contribuer au développement de tous, tant il est vrai qu'une entreprise

1. Edgar Morin, conférence du 17 novembre 1985 au CESTA.
2. Groupe Innovation : une force de proposition québécoise créée et animée par Jean-François Duchaine.
3. Cf. la liste des intervenants en fin de volume.

ne saurait être durablement compétitive dans un environnement qui le serait de moins en moins.

Le présent ouvrage est une synthèse thématique, rédigée par le Groupe Innovation, des interventions et débats auxquels elles ont donné lieu. Présentée sous une forme opérationnelle, facilement accessible, elle confirme le gigantesque contre-sens historique que constitue aujourd'hui le « management-panique ».

Ce qui le suscite c'est, en concomitance, l'irruption d'un monde nouveau et la rémanence de vieilles habitudes dont une élite, qui n'a rien vu venir, n'envisage même pas de se défaire.

Ce monde nouveau — pour Jacques Attali, cette forme nouvelle [1] — est marqué par un nouveau champ clos, une nouvelle civilisation industrielle, de nouvelles technologies et de nouveaux objets, ainsi que par de nouveaux enjeux.

— *Un nouveau champ clos* : c'est, dans cette économie mondialisée, l'affrontement entre trois gigantesques plaques tectoniques qui tantôt dérivent les unes vers les autres, tantôt s'écartent, tantôt se télescopent. Sur l'une, l'Union européenne, 340 millions de citoyens, démocrates, libres et protégés s'organisent pour être assez forts ensemble tout en restant différents, afin de pouvoir défendre le couple liberté-protection qui constitue leur plus belle conquête. Sur l'autre plaque, l'ALENA (« Accord de Libre-Échange Nord-Américain » — *NAFTA : North American Free Trade Agreement* — qui vient d'être scellé entre les U.S.A., le Canada et le Mexique), 380 millions de citoyens-consommateurs s'unissent pour bénéficier de cette chance historique : la collaboration de la première puissance économique du monde et d'un énorme réservoir de main-d'œuvre compétente, intelligente et bon marché (le Mexique dans l'ALENA c'est un peu comme si l'Union européenne avait embarqué à son bord les Philippines). Une ALENA moins marquée que la C.E.E. par un passé conflictuel, moins alourdie par l'histoire, plus disponible pour toutes les mutations, bien que les relations U.S.A./Mexique n'aient jamais été sans orages. Sur la troisième plaque enfin, en Asie, 1 milliard 700 millions d'abeilles industrieuses qui, pour n'avoir pas une organisation formelle du type de l'ALENA ou de l'Union européenne, n'en fonctionnent pas moins comme si elles disposaient d'une organisation de fait : du Japon partent les grandes impulsions stratégiques, les grandes percées technologiques et industrielles que relaient les quatre dragons (Taïwan, Singapour, Hong-Kong, la Corée-du-Sud) ; les quatre tigres (Malaisie, Thaïlande, Philippines, Indonésie) permettent d'abaisser les coûts

1. « L'avènement de la planète nomade », Jacques Attali, in *Libération* du 1er octobre 1993.

grâce à une main-d'œuvre bon marché ; la Chine avec son immense potentiel de production et de consommation permet d'emballer sans fin la croissance (P.I.B. en croissance de 10 à 13 % durant chacune des trois dernières années).

Aujourd'hui, sur la première plaque c'est l'atonie économique, sur la deuxième c'est le décollage, sur la troisième c'est le bouillonnement. Le dynamisme semble inversement proportionnel au formalisme des institutions.

— *Une nouvelle civilisation industrielle* : celle qui décline était marquée par l'importance de la valorisation de l'énergie (le pétrole, le nucléaire) et de la transformation des matières premières. Sa croissance supposait une augmentation de la quantité de travail. La civilisation qui émerge repose essentiellement sur la capture, l'échange, le traitement, la valorisation de l'information. Dans cette civilisation nouvelle, il devient possible de produire de plus en plus de biens et de services pour de plus en plus de monde, de moins en moins cher, avec de moins en moins de personnes. La croissance, dans cette civilisation, suppose une augmentation de la qualité du travail. Les mots-clefs de la performance dans la civilisation qui s'en va étaient : gros effectifs, présentéisme, docilité, transmission, contrôle et, récemment, formation ; les mots-clefs de la performance dans la civilisation de l'information sont : développement permanent du savoir et des compétences, autonomie et synergie, engagement et communication, créativité individuelle et collective.

— *De nouvelles technologies et de nouveaux objets* : à la fois moyens et produits de cette nouvelle civilisation de l'information, ces nouvelles technologies (en particulier le complexe informatique-télévision-télécommunication-vidéo) et ces nouveaux objets (les objets « nomades » : fax, téléphones portables, micro-ordinateurs, jeux vidéo...) permettent de s'affranchir de nombreuses contraintes du temps (instantanéité du traitement et de sa diffusion), de l'espace (l'ubiquité devient possible) et des organisations traditionnelles (on n'a plus besoin d'être ensemble pour travailler ensemble ; la pyramide concentrait de gros effectifs, le réseau pourra les éparpiller). Jacques Attali souligne, en outre, que la diffusion de ces objets nomades favorisera une individualisation croissante des loisirs, de l'autoformation, bientôt de l'autotraitement médical. Il annonce l'émergence d'un « consommateur d'objets nomades, maître de soi, informé et manipulateur, à la fois malade et thérapeute, maître et élève, déviant et policier, spectateur et acteur, consommateur de sa propre production, salarié temporaire d'entreprises elles-mêmes nomades... » [1] Les per-

1. J. Attali, « L'avènement de la planète nomade », op. cit.

formances de ces entreprises à géométrie variable (ces entreprises virtuelles, comme les appelle *Business Week* [1]) dépendront de leur fluidité mais surtout de leur aptitude à attirer et à fixer momentanément des « nomades » complémentaires en sachant donner du sens à leurs contributions communes et en se comportant en « structures apprenantes » permettant à chaque contributeur d'accroître sans cesse ses savoirs.

— *De nouveaux enjeux* : dans cette civilisation de l'information fluide, des formes évolutives, des ajustements rapides, tout ce qui pèse, qui bloque, qui fige constitue un handicap difficilement surmontable.

C'est souvent le cas des services publics en Europe, parfois trop gros pour être forts quand ils assurent des fonctions régaliennes, peu compétitifs quand ils s'aventurent trop longtemps dans des domaines que le marché sait mieux réguler, inadéquats et même paralysants dans des champs comme l'école et l'hôpital, l'éducation et la santé que les « objets nomades » commencent à révolutionner. Le « autrement d'État », qui n'a été sérieusement défendu que par Michel Rocard quand il était Premier ministre, constitue certainement l'un des enjeux majeurs dans la nouvelle civilisation industrielle : il conditionne la compétitivité globale de chaque pays et de chacun des trois grands ensembles évoqués plus haut. En France, l'immobilisme administratif devient un véritable art de salon, renouvelé par les innombrables réformes qui sédimentent les unes sur les autres sans jamais changer le cœur des choses. Parce que cet immobilisme met en jeu la survie même du pays en tant que puissance économique, la colère éditoriale d'Alain Rondeau sur la sécurité maritime, dans la revue *Bateaux* qu'il dirige, apparaît comme un symbole. « Depuis vingt ans, la réglementation n'a guère changé. Peu importe que l'électronique permette aujourd'hui de localiser un naufragé, qu'une brassière flottable assure une meilleure flottabilité, les constructeurs, imperturbables, fabriquent à la chaîne les mêmes modèles de radeaux qui, parfois, fuient et souvent se retournent, les mêmes encombrantes brassières, les mêmes fusées qui se perdent dans les nuées, tandis que le personnel des Affaires maritimes se réfugie derrière une immuable réglementation. Le sauvetage est trop sérieux pour improviser, alors surtout n'imaginons rien de nouveau. » [2]

Cette collusion entre le poids des habitudes des usagers et la routine administrative traduit en fait une culture de la mémoire, du patrimoine, de l'existant, des acquis, de la stabilité, qui a bien des

1. In *Courrier international* n° 120 du 18 février 1993.
2. *L'omerta de la sécurité,* Alain Rondeau, in *Bateaux,* novembre 1993.

vertus mais qui ne nous prédispose guère à affronter souplement un monde aux mutations rapides, aux ruptures fréquentes, où se multiplient les formes transitoires et les objets nomades. L'enjeu essentiel de la compétition mondiale est sans doute d'ordre culturel : la culture de l'ambigu face à celle de la clarté, du fugace face à celle du durable, du flux face à celle du territoire, du paradoxal face à celle du cartésianisme, du qualitatif face à celle du quantitatif, de la pensée complexe face à celle de la pensée scientifico-rationnelle. Ces cultures-là ne dotent pas des mêmes atouts ceux qu'elles ont marqués de leur empreinte pour affronter un univers plus insaisissable, plus flou ou plus turbulent où se multiplient interactions, rétroactions, bifurcations aléatoires et « effets papillons ». La pensée simplifiante et les institutions bien « carrées » qui ont tant servi l'expansion de la civilisation occidentale pourraient bien ne plus y retrouver leur compte. La culture de la pierre — la nôtre selon les Japonais — pourrait bien être débordée par la culture de l'eau.

Cet enjeu culturel est, en France, d'autant plus préoccupant que le modèle dominant et le système de sélection des élites y exaltent jusqu'à la caricature la rationalité formelle, la théorie et la quantification. L'amusante déconnexion du réel de la science économique, dans notre pays, donne une bonne illustration de ce syndrome qui conduit tant de dirigeants à préférer à la vie la modélisation qu'ils s'en font. Médiocrement doués pour l'écoute, l'empathie et la simplicité des rapports humains, ils ne peuvent guère espérer que leurs collaborateurs les aideront à corriger dans l'action les erreurs qu'engendre toujours la confusion entre la carte et le territoire.

Le « management-panique » est le fils de cet aveuglement-là. Face à un environnement qui change à toute allure, on fait plus de la même chose au lieu de faire autrement.

Bien sûr, tout cela se paiera, en entreprises disparues, en dynamisme brisé, en confiance rompue, en compétences perdues, en créativité évaporée, en équipes dissoutes, en solidarités explosées, en régions appauvries. Mais ce n'est pas pour rien que le Forum de Montréal, *A la recherche de l'organisation de demain,* décèle dans tout le monde développé des tendances fortes, aux antipodes de ces pratiques rétrogrades. Aux États-Unis, au Japon, en Europe, en France apparaissent de plus en plus d'entreprises d'une nouvelle race. Aux États-Unis, elles prennent pour devise : *In business to make a better world* ; en France on parle plus prosaïquement d'entreprises citoyennes. Elles se définissent comme des entreprises qui s'efforcent sans cesse de contribuer à la compétitivité globale du pays où elles œuvrent en cherchant à produire durablement une valeur ajoutée supérieure à la somme de leurs coûts internes et de leurs coûts externalisés.

L'entreprise citoyenne n'est pas angélique, elle sait que licenciements, délocalisation, pollution sont parfois inévitables, mais elle reconnaît qu'alors elle externalise sur la société un certain nombre de coûts qui diminuent d'autant sa réelle valeur ajoutée, qu'elle dégrade ainsi la compétitivité globale du pays où elle œuvre et qu'à terme elle nuit aussi à sa propre compétitivité. On ne se développe pas durablement dans un environnement appauvri. C'est faire preuve d'un égoïsme intelligent à long terme que de chercher à se codévelopper sans cesse avec les autres acteurs de l'environnement. Ainsi, si l'entreprise est contrainte de licencier, il ne s'agira que de personnes qu'elle aura fait progresser grâce à ses « structures apprenantes », des personnes auxquelles elle aura apporté une véritable valeur ajoutée. L'entreprise citoyenne s'interdit de restituer au « réseau », au marché du travail, des « effluents usés », des personnes qu'elle aurait abîmées, dégradées, démolies au lieu de les valoriser. Elle produit réellement de la valeur ajoutée, et celle-ci concerne non seulement les clients dont elle satisfait les besoins, mais aussi :

— Les ressources financières qu'elle mobilise et qu'elle s'efforce de faire fructifier durablement en préférant une stratégie de long terme à une maximisation du retour sur investissement à court terme ;

— Les ressources matérielles et intellectuelles qu'elle transforme et qu'elle s'efforce de valoriser au mieux pour satisfaire durablement les besoins évolutifs des consommateurs ;

— Les techniques et les méthodes qu'elle utilise et qu'elle s'efforce sans cesse de moderniser et d'enrichir pour minimiser les gâchis et les coûts inutiles ;

— Les personnes qu'elle mobilise, dont elle s'efforce d'accroître sans cesse les compétences et de développer toutes les potentialités ;

— Les partenaires directs (fournisseurs, distributeurs, actionnaires, banquiers, consultants...) avec lesquels elle établit des relations permanentes qu'elle s'efforce sans cesse de rendre plus fécondes pour les deux parties ;

— Les partenaires sociaux avec lesquels elle s'efforce d'établir des relations qui développent leur maturité économique et leur compréhension des enjeux ;

— Les interfaces (branches, professions, organismes consulaires) avec lesquelles elle doit établir des relations rigoureuses qui leur rappellent sans cesse qu'elles sont à son service et qu'elles ne doivent jamais se prendre pour des fins en soi ;

— Les « riverains » de ses activités (ceux qui vivent à côté de ses bureaux, ses usines, ses entrepôts...), dont elle veille à améliorer sans cesse l'environnement (eau, air, bruit, paysage...) ;

— Les autres acteurs de la société (système éducatif, système de protection sociale, recherche, collectivité locale, administration), dont la qualité conditionne son propre succès au codéveloppement desquels elle s'efforce de participer, parce que c'est son intérêt à long terme ;

— Les exclus dont elle sait que son propre dynamisme peut à terme accroître le nombre et à la réinsertion desquels elle s'efforce de participer pour limiter les dangers que pourrait lui faire courir une société à deux vitesses, appauvrie et peu sûre.

Il ne s'agit pas d'un catalogue de vœux pieux mais bel et bien de ce que réalisent des entreprises aussi différentes que Levi Strauss aux États-Unis, Cascades au Canada ou Sollac en France, avec des styles et des succès divers, mais toujours avec ce souci de contribuer au développement de son propre environnement pour s'assurer qu'il demeurera longtemps un milieu nourricier riche, garant d'une performance durable.

Ne rêvons pas : l'entreprise citoyenne est encore minoritaire et il reste un bon nombre de *velociraptors* de l'ère des managers dinosauriens. Mais les conclusions du Forum de Montréal ne sont pas ambiguës : les jours du management prédateur sont comptés.

Groupe Innovation

Il faut réinventer l'organisation

Réinventer l'organisation... un défi collectif !

Le 1er janvier 1900, le *Wall Street Journal* présentait la liste des 12 plus grandes compagnies au monde :

- American Cotton Oil Company
- American Steel Company
- American Sugar Refining
- Continental Tobacco Company
- Federal Steel
- General Electric
- National Lead
- Pacific Mail
- People's Gas
- Tennessee Coal and Iron
- U.S. Leather
- U.S. Rubber

Seule General Electric existe encore aujourd'hui. Plus récemment, près de la moitié des entreprises citées dans *Le prix de l'excellence* de T.J. Peters et R.H. Waterman (1983), ont disparu ou ont de sérieuses difficultés. Selon les statistiques, sur 15 entreprises qui démarrent aujourd'hui au Québec, seulement 2 survivront encore dans dix ans. Quel est donc le secret de la longévité de certaines entreprises ? Pour s'adapter au rythme des changements de plus en plus rapides et à une compétition brutale, bien des géants d'hier comme IBM, GM, Sears, American Express et bien d'autres annoncent tour à tour des restructurations, des mises à pied et des décisions qui touchent des millions de travailleurs, provoquant incertitude et insécurité. En cette fin de siècle, ces nouvelles règles du jeu ont un impact sans précédent et entraînent des transformations sociales qui modifient les valeurs, l'organisation du travail et l'emploi; elles constitueront les principales préoccupations tant des entreprises que des gouvernements.

Depuis la Seconde Guerre mondiale, nous avons assisté à l'alternance des périodes d'inflation, de chômage et de croissance, entrecoupées de neuf récessions. On s'était habitué à voir se résorber ces phénomènes cycliques en y appliquant des antidotes, presque devenus des automatismes (exemples : hausse des taux d'intérêt pour contrôler l'inflation, investissement public pour stimuler l'économie, crédit d'impôt pour augmenter la consommation, etc.). Ces remèdes semblent aujourd'hui impuissants ou inadéquats. L'endettement massif des gouvernements (450 milliards pour le seul gouvernement du Canada), la globalisation des marchés, et surtout, de nouveaux comportements et de nouvelles attentes chez les consommateurs et les concitoyens ont contribué à rendre inopérantes les solutions qui hier avaient donné des résultats.

Confondus, les spécialistes, les dirigeants, les hommes et les femmes politiques semblent impuissants pour innover et pour trouver les réponses appropriées, accentuant ainsi un climat de morosité et de cynisme.

Des penseurs aussi divers qu'Alvin Toffler, Thomas Peters, Jack Bossidy, p.-d.g. d'Allied-Signal, et le sociologue français Michel Crozier s'entendent pour dire que la disparition des grands modèles hiérarchiques autoritaires, de l'URSS à General Motors, constitue un phénomène historique global qui entraîne une réorganisation du travail dont les conséquences sociales sont aussi profondes et massives que celles de la révolution industrielle.

La crise actuelle est donc structurelle plutôt que conjoncturelle et se distingue des autres puisqu'elle nécessite qu'on apporte des solutions qui n'ont plus rien à voir avec nos anciens paradigmes. De partout à travers le monde, des organisations en pleine révolution redéfinissent et adoptent de nouveaux modes de gestion, où le savoir-faire et l'intelligence des personnes sont mis à profit, constituant ainsi la seule réponse appropriée à la nouvelle complexité. Elles opèrent des changements culturels majeurs et modifient de façon fondamentale la gestion traditionnelle. Les innovateurs de ces entreprises possèdent déjà un avantage compétitif indéniable, traçant la voie de l'avenir.

À quoi ressemblera l'organisation du XXIe siècle ? En quoi sa culture et son mode de fonctionnement se différencieront-ils de ceux d'aujourd'hui ? Selon les penseurs en management et d'après les expériences actuelles, voyez comment les organisations pourraient évoluer en fonction d'une douzaine de caractéristiques communes.

L'organisation de demain

Caractéristiques	Le modèle actuel	Prototype du XXIe siècle
Organisation	Hiérarchique	En réseau
Structure	Auto suffisante	Interdépendante
Attentes des employés	Sécurité	Croissance personnelle
Leadership	Autocratique	Partagé
Main-d'œuvre	Homogène	Culturellement diverse
Organisation du travail	Individuel	En équipe
Marché	Domestique	Global
Avantage	Coût	Rapidité
Focalisation	Profit	Client
Ressources	Capital	Information
Autorité	Bureau de direction	Partenariat
Qualité	Ce qui est abordable	Aucun compromis

Source : Adapté de *Business Week* (1992), Special issue « Reinventing America » par Le Groupe Innovation

Entraînées inévitablement dans les grands courants nord-américains et internationaux, nos organisations et nos entreprises doivent participer avec leur génie propre à la définition de ce nouveau modèle. En plus de faire face à ce défi, elle doivent être à l'affût de ces courants et s'en inspirer afin de développer chez nous des modes de gestion novateurs qui feront du Québec un chef de file.

Décloisonner les esprits, apprendre constamment, et surtout accepter de remettre en question nos façons de faire, voilà ce que réclame de nous l'environnement actuel. Cela commande non seulement de la vision et du leadership, articulés autour de projets d'entreprise concrets, mais aussi des valeurs clairement partagées dans l'entreprise comme dans la société. En avril dernier, une étude sur la communication organisationnelle, effectuée par le Groupe Innovation dans 122 organisations du Québec, révélait l'importance de la mission et des valeurs sur la rentabilité et la performance de l'entreprise. Dites-nous où l'on s'en va ? Ce que vous attendez de nous ? Ce que vous pensez de notre travail, réclamait-on de toute part. Or près de 80 % de nos entreprises n'ont aucun secteur de développement organisationnel stratégique répondant à ces questions pourtant si simples.

Au cours des dernières années, constate Peter Senge du MIT Sloan Management Institute, plusieurs dirigeants d'entreprise ont voulu définir la mission et les valeurs de leurs organisations parce que c'était la façon de faire. On s'attendait à des résultats presque instantanés en productivité et en compétitivité. Incapables de vraiment comprendre et de soutenir le changement profond de culture organisationnelle que cela nécessitait, impatients ou désabusés, plusieurs ont tout simplement abandonné. Le même danger guette actuellement plusieurs organisations impliquées dans des démarches de qualité totale où les statistiques démontrent que 80 % d'entre elles abandonneront à court terme. Le problème ne réside pas dans le bien-fondé du projet d'entreprise ou le concept de qualité en lui-même, mais bien dans la cohérence et l'engagement de la haute direction à mobiliser les employés et les gestionnaires à créer un environnement permettant à tous de contribuer.

Dans la grande entreprise, ce qui a fait les récents succès de General Electric, Hewlett-Packard, Motorola, Xerox, etc., et causé les problèmes de General Motors, Sears, American Express, IBM et combien d'autres, est dû en grande partie à la vision et à la capacité des dirigeants d'anticiper l'avenir. « Trop d'entreprises souffrent d'un excès de gestion et d'une carence de leadership », conclut Warren Bennis, professeur en management à l'Université de Southern California. « Heureusement, ajoute-t-il, le leadership, c'est quelque chose qui s'apprend et dont nous sommes tous capables. » La formation des dirigeants est prioritaire si l'on veut comprendre cette ère de changement et y participer.

Tous les jours, nos leaders insistent sur la recherche et le développement, la responsabilisation des ressources humaines et la formation de la main-d'œuvre, mais qu'en est-il de leur formation ? Ont-ils été préparés au nouveau rôle qui leur est maintenant dévolu ? Critiqués de toute part, comment se soutiennent-ils et d'où s'inspirent-ils pour faire face aux défis de la complexité nouvelle ?

De ceux et celles qui, aux sommets de nos organisations, prônent à juste titre la formation, combien prennent le temps de développer leur réflexion et leur vision de l'avenir ? N'y a-t-il pas urgence d'investir dans la recherche d'un nouveau management audacieux, participatif et respectueux. « ***Le monde nouveau demande des leaders ayant un profil nouveau*** », notait justement le Club de Rome dans son plus récent rapport.

Le Québec, au cours des dernières décennies, a fait des pas de géant, passant d'une société rurale à une société moderne, permettant ainsi de rattraper son retard sur les autres économies occidentales. Notre entrepreneurship québécois, comme Bombardier, Northern Telecom, SNC Lavalin, Cascades et Desjardins, nous a tracé la voie et nous permet maintenant d'intervenir sur la scène internationale. Mais passer de l'adolescence à la maturité organisationnelle demande un management inspiré et capable d'innover en permanence. Capacité d'adaptation, flexibilité et rapidité, voilà les caractéristiques déterminantes des entreprises et de la société québécoise de demain. Cela exige d'analyser périodiquement le quotidien et d'être à l'affût de l'information pertinente. Tout comme les entreprises d'avant-garde investissent temps, argent et énergie dans l'analyse des tendances et valeurs émergentes, il ne faut pas hésiter à se comparer et à s'inspirer des pratiques de gestion des meilleures entreprises au monde (définition du benchmarking). Demeurer ouvert et attentif à ce qui se fait ailleurs, structurer le maillage et favoriser la « mixité des cultures », voilà des pistes d'actions stimulantes.

Cela est possible si nous continuons de consolider nos volontés communes de développement et apprenons les uns des autres, au-delà de nos traditionnelles barrières sectorielles. Mobiliser nos intelligences pour bâtir des organisations où chacun peut apporter sa contribution active et ainsi bâtir une société où ensemble, nous contribuerons à la création d'une richesse collective toujours plus grande. Il faut agir maintenant.

Première partie

Pourquoi le management d'hier ne marche-t-il plus ?

Chapitre 1

Le monde a vraiment changé

Les organisations occidentales perdent pied. Prises sous les tirs nourris d'une nouvelle concurrence, pressées par la fulgurante évolution des progrès technologiques, l'endettement massif des gouvernements, le considérable excédent de l'offre sur la demande et les comportements inattendus des consommateurs et des citoyens, elles vacillent. Elles vacillent mais ne se laissent pas faire.

« Réorganisation », « restructuration », « transformation ». Passé dans le langage courant, le vocabulaire du changement traduit désormais autant le profond désarroi des organisations que leur volonté de le surmonter. Bon nombre d'organisations privées, publiques et parapubliques tentent – tant bien que mal, il est vrai – de s'engager dans de nouvelles voies; certaines pour prendre les devants sur les événements, d'autres parce qu'elles n'ont déjà plus le choix. Mais toutes, sans exception, s'y efforcent pour éviter de sombrer.

Partout, le mot d'ordre est le même : échapper au sort qui fut réservé aux dinosaures.

Partout, le mot d'ordre est le même : échapper au sort qui fut réservé aux dinosaures, ces reptiles géants disparus de la surface de la Terre faute d'avoir pu s'adapter à un radical bouleversement survenu dans leur environnement. Plusieurs organisations font face au même péril. Le choix qui s'offre à elles n'a rien de sémantique : soit elles s'adaptent au nouvel environnement socio-économique qui se met en place, soit elles périssent par lui.

Une tempête s'est levée

Se pourrait-il que par un malicieux jeu de l'histoire le futur arrive trop tôt ? Dire en tout cas qu'il a pris plusieurs organisations de court, au Québec comme un peu partout dans les démocraties libérales occidentales, est presque devenu un poncif. Toutes les semaines, les pages économiques des journaux regorgent de cas d'entreprises privées laissées sur le carreau ou en perdition. Aucune n'est désormais à l'abri de la tempête qui s'est levée, pas même les plus prestigieuses d'entre toutes. Ainsi, 40 % des entreprises qui figuraient en 1985 au classement du *Fortune 500*, le panthéon du succès en Amérique et dans le monde, n'y apparaissent plus !

Les plus haut gradés des organisations n'échappent plus à la force des secousses. Ces derniers mois, devant les retentissants déboires financiers enregistrés par les entreprises dont ils avaient la charge, John Akers, d'IBM, Robert Stempel, de General Motors et James Robinson, d'American Express, pour ne citer que ceux-là, ont été poliment remerciés par leur conseil d'administration respectif. Les actionnaires institutionnels des trois géants avaient été rudement échaudés par l'accumulation récurrente de pertes records.

Plus près de nous, le thermomètre qu'est la Bourse de Montréal a vu son mercure dégringoler. Ivor K. Davies, professeur à l'Université d'Indiana, relève que depuis 1989 le nombre d'entreprises cotées dans la métropole québécoise est passé de 700 à 600. « Or, souligne-t-il, la diminution est plus importante qu'il n'y paraît. Compte tenu de ce qu'il s'est ajouté une cinquantaine de nouvelles inscriptions chaque année, cela représente une chute globale de 33 % ! »

Toute la société en déroute

La déroute est aussi totale que généralisée. Syndicats, partis politiques, administrations publiques et États sont également ébranlés par le tourbillon. Même si pour eux la sanction finale ne passe pas par le dépôt de bilan, le danger est là aussi bien réel. Les États n'arrivent plus à contenir des déficits qui deviennent abyssaux. Pour mémoire, Claude Béland, président du Mouvement Desjardins et président d'honneur du colloque international « À la recherche de l'organisation de demain », a rappelé aux 1 200 participants réunis au Palais des Congrès de Montréal les 4, 5 et 6 avril dernier une donnée qui se passe de commentaire : au Canada, depuis 1980, les déficits gouvernementaux, tous paliers confondus, ont fait un bond de 540 milliards de dollars pour s'établir à environ 700 milliards de dollars ! « Les dépenses gouvernementales, a-t-il constaté laconiquement, ne sont plus créatrices d'emplois. »

Trop occupés à éteindre des dizaines de feux à la fois, plusieurs administrations et services gouvernementaux semblent par ailleurs avoir mis de côté les missions pour lesquelles ils avaient été créés pour leur substituer la sauvegarde de leurs propres intérêts. La panoplie de programmes concoctés par différents ministères, souvent dans le but de résorber des drames ayant la même origine – pensons seulement ici au chômage devenu endémique et à la dégradation galopante du tissu social –, est devenue incapable ne serait-ce que d'inverser les tendances dévastatrices à l'œuvre. Un accroissement des budgets, déjà gigantesques, n'y changerait rien. Ces programmes ressemblent à ces immenses quincailleries dans lesquelles personne ne parvient jamais à dénicher le boulon dont il a un urgent besoin pour colmater la fuite dans l'évier de la cuisine. Conséquence : « Le décalage est de plus en plus grand entre les États et la complexité des problèmes que les citoyens rencontrent », remarque le Français Hervé Sérieyx, vice-président de l'Institut européen du leadership.

Qu'ils soient isolés ou regroupés, les individus se sentent de plus en plus floués par ces énormes machines impuissantes à répondre aux réalités nouvelles, de même qu'aux légitimes aspirations des hommes et des femmes des sociétés occidentales. Au Québec, les régions qui se rebellent les unes après les autres contre des décisions administratives ou ministérielles jugées iniques est, à cet égard, un exemple éloquent. Ailleurs, l'émergence de partis politiques protestataires et la montée des intégrismes religieux – parapluies des exclus – sont tout aussi symptomatiques d'un ras-le-bol généralisé.

Les recettes classiques n'opèrent plus

Dépassées par les événements, les organisations n'arrivent plus à tirer leur épingle du jeu. Prises au dépourvu par la rapidité des changements, elles ignorent souvent comment réagir; elles ne savent plus quelles réponses apporter aux problèmes qui surgissent de toutes parts. Ceux-ci ont alors tendance à s'accumuler dangereusement dans l'arrière-cour. Pire encore, ils deviennent récurrents. Aussi, afin de parer au plus pressé, elles procèdent à des mises à pied. « C'est absurde », tempête Hervé Sérieyx. Dès qu'il devient chômeur, un individu diminue ses achats d'au moins 25 % du jour au lendemain. La spirale récessionniste s'accroît alors vertigineusement. En outre, ses collègues demeurés en emploi, craignant de faire partie de la charrette suivante, réduisent à leur tour leurs achats. Ils « déconsomment » et, plus grave encore, ils deviennent démotivés. Or, « on ne bâtit pas une économie (ni une organisation) avec des personnes démotivées ». Une trop forte incertitude quant à leur situation future conduit en général les individus à travailler « défensivement ». Étrange, mais ô combien éloquent paradoxe que celui-là : ces dernières années, en même temps qu'on aura affirmé et répété haut et fort sur toutes les tribunes inimaginables l'importance stratégique que devaient désormais revêtir les ressources humaines, jamais n'aura-t-on assisté à autant de licenciement... C'est oublier, ajoute Hervé Sérieyx, que « qui sème aujourd'hui le chômage, récolte demain les taxes... ».

De leur côté, afin de traiter une très grande diversité et un désir de plus en plus pressant chez chaque citoyen d'être reconnu pour ce qu'il est, les gouvernements n'ont pas « trouvé de meilleure solution que de multiplier les réglementations », dénonce Hervé Sérieyx, qui agit en tant que consultant auprès de plusieurs administrations publiques et parapubliques de nombreux pays. Tant et si bien « que le droit a cessé d'être une protection (sa mission première) pour devenir une menace ». Prenant sa patrie à témoin, il souligne qu'il existe en France plus de 7 500 lois, 82 000 décrets et 20 000 règlements communautaires !

Se métamorphosant à toute allure, l'environnement socio-économique a rendu totalement inopérants des remèdes qui, hier encore, semblaient efficaces.

Se métamorphosant à toute allure, l'environnement socio-économique a rendu totalement inopérants des remèdes qui, hier encore, semblaient efficaces. Ces remèdes qui concouraient indirectement à l'épanouissement des individus n'ont désormais pas plus d'effet qu'un cautère sur une jambe de bois. « Face à la multiplication des situations imprévisibles, et donc difficiles à maîtriser, les réactions habituelles – donner des ordres, imposer des procédures, contrôler l'exécution – se révèlent de plus en plus inefficaces : les effets directs qu'elles produisent sont souvent contrariés, annulés, voire inversés par les effets induits qu'elles génèrent », écrit Hervé Sérieyx dans son dernier ouvrage *Le Big Bang des organisations* (1993, p. 208).

Symptôme parmi tant d'autres de l'inanité des recettes pratiquées hier, pour la première fois dans l'histoire du xxe siècle, le découplage entre croissance économique et emploi est net. Ainsi la reprise économique, techniquement amorcée depuis avril 1991 en Amérique du Nord, n'entraîne pas une baisse du taux de chômage.

Récemment, dans un entretien accordé au quotidien *Libération*, Michel Rocard, qui fut à la tête du gouvernement français de juin 1988 à mai 1991, s'est livré à une autocritique rare chez un ancien Premier ministre. L'actuel président de la direction nationale du Parti socialiste français y disait regretter d'avoir eu recours à des « recettes classiques » pour lutter contre le chômage.

J'ai eu le tort de ne pas comprendre tout de suite qu'elles n'étaient pas à la hauteur d'un problème qu'il faut désormais aborder autrement [...]. Je me fais des reproches de n'avoir pas compris dès ce moment-là qu'il nous fallait un véritable changement de société, une nouvelle conception du travail et du temps. (*Libération*, 15 juin 1993)

Aux dirigeants d'organisations privées, publiques et parapubliques réunis au Palais des Congrès le 4 avril dernier, l'ex-Premier ministre expliqua à la décharge des gouvernements que l'art de réformer et l'art de gouverner les sociétés s'étaient considérablement complexifiés au cours des dernières années. Principalement en raison de la montée de nouveaux et puissants « pouvoirs qui façonnnent les sociétés ». Parmi ceux-ci, il nota les pouvoirs économiques et financiers d'entreprises s'appuyant sur des stratégies de développement mondiales, les pouvoirs technologiques et scientifiques, le pouvoir des juges et le pouvoir médiatique. Tous ces pouvoirs, a-t-il dit, ont considérablement rétréci la marge de manœuvre des élus.

Le big bang

Les organisation privées, publiques, politiques, syndicales et autres explosent de toutes parts. Elles explosent, selon Hervé Sérieyx, parce qu'elles font face à des « chocs » qui les prennent de vitesse. « Nous voici plongés dans l'ère du big bang des organisations », déclare-t-il.

D'ordre géopolitiques, géoéconomiques, géotechnologiques et géosociologiques, ces chocs bouleversent l'ordre établi et instaurent partout et en tout lieu le désordre. Puissants et multiformes, ils ont provoqué un véritable séisme dans nos sociétés. Ils ont fait table rase de la relative stabilité à partir de laquelle la plupart des organisations occidentales ont longtemps pu se développer en toute quiétude. À tel point que si « il y a 20 ans la stabilité était la règle et le changement l'exception, aujourd'hui le changement est devenu la règle et la stabilité l'exception », constate Hervé Sérieyx. Mais où est le drame ? Il vient de ce que les structures des organisations ont été conçues pour gérer de la permanence, explique-t-il, et pas du tout pour réussir au rythme effréné d'un monde qui change à toute allure. Et encore moins à la cadence d'un monde désormais appelé à se métamorphoser de façon perpétuelle et très rapide.

Une analyse à laquelle souscrivent également Warren Bennis, professeur en administration des affaires de l'Université de Southern California, et Burt Nanus, fondateur et directeur du Centre de futurologie de la même institution.

Ces changements ont des effets profonds sur notre société et sur la manière dont nous dirigeons nos organisations. Ils sont interactifs, discontinus et de plus en plus fréquents. Les sources classiques d'informations et les techniques de gestion sont devenues moins efficaces. Ceci, bien sûr, quand elles ne sont pas déjà périmées. (Bennis et Nanus, 1985, p. 19, voir aussi figure 1)

FIGURE 1
Caractéristiques des organisations des années 90

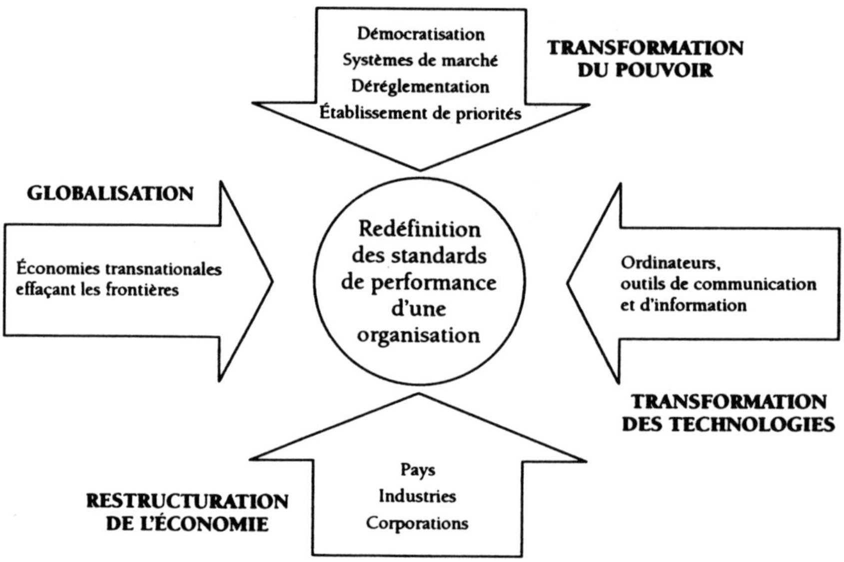

Le statu quo est devenu intenable. Intenable et insoutenable.

Honneur posthume à Weber et aux autres

Les organisations, conçues pour un autre ordre, patinent, dérapent sur cette nouvelle réalité inverse de ce pourquoi on les avait imaginées : entreprises pyramidales, incapables de vivre en réseaux; administrations passives et poussives, incapables de transformer des agents en acteurs, collectivités territoriales vivant encore à l'heure de leurs clochers quand la concurrence des villes et des régions est devenue mondiale; syndicats décrépits qui, en continuant à défendre les avantages acquis, précipitent un peu plus chaque jour leur déclin; partis politiques au charme désuet qui n'en finissent plus d'être en retard sur l'événement et sur les évolutions sociologiques; systèmes éducatifs gigantesques et coûteux qui s'épuisent à fabriquer de plus en plus de têtes mal pleines, de moins en moins préparées à affronter l'incertitude du temps. (Serieyx, 1993, p.14)

À l'instar des autres conférenciers invités lors du colloque, Hervé Sérieyx est animé d'une grande conviction : selon cet auteur, notre époque ne peut plus affronter un univers qui disparaît avec des organisations conçues pour un autre temps. « Quand on affronte les problèmes de demain avec les organisations d'hier, on récolte les drames d'aujourd'hui. » Cela vaut autant pour les organisations publiques que pour les organisations privées.

Prenant appui sur la production et le marketing de masse, des employés dociles, des consommateurs peu exigeants, l'existence de marchés assurés, un retour massif et rapide sur les investissements engagés et des marges bénéficiaires élevées, « l'univers et la pensée de Henry Ford ont fait leur temps », allègue William J. O'Brien, président et chef des opérations d'Hanover Insurance, l'un des praticiens du management moderne les plus réputés aux États-Unis. Ils n'apportent plus les profits dans la cagnotte des entreprises privées et – ceci expliquant cela – mènent les organisations au précipice. Si cette logique a pu se perpétuer jusqu'à nos jours, c'est que ses limites ont longtemps pu être dissimulées par la croissance soutenue de la demande – locale d'abord, nationale ensuite et enfin internationale. Tel était du moins le plan de survie : « faire comme d'habitude » en élargissant sans cesse les marchés.

La base du modèle fordiste traditionnel était composée de trois objectifs principaux : 1) la réduction des temps opératoires grâce à une mécanisation poussée; 2) le développement de la consommation de masse par la production de masse; et 3) une forte centralisation des décisions et du traitement de l'information grâce à l'établissement d'une stricte hiérarchie entre la conception, l'organisation de la production et la commercialisation. Dans ce modèle, les petites entreprises quant à elles se contentaient la plupart du temps de répondre à des « à-coups conjoncturels » de la demande (Boyer et Durand, 1993, p. 11).

Le problème des organisations n'en est plus un de productivité des employés et des travailleurs, il en est un de management, de leadership et de structures.

L'organisation pyramidale hiérarchisée, fondée sur le contrôle, l'autorité et la prévisibilité du lendemain, se lézarde; elle est devenue mésadaptée. Les cloisons étanches entre les services et les filières hiérarchiques sont devenues contre-productives, estime le Canadien Art McNeil, fondateur et président de Achieve International, une firme spécialisée dans les changements de culture au sein des organisations. « Le problème des organisations n'en est plus un de productivité des employés et des travailleurs, affirme-t-il, il en est un de management, de leadership et de structures. »

Embourbées dans leurs structures hiérarchiques et opérant principalement encore sous un mode vertical, les organisations occidentales ploient sous le poids des normes et des directives. Mais rendons à César ce qui lui appartient et sachons lui reconnaître quelques mérites. Lorsqu'elle apparut, l'idée de la bureaucratie, érigée sur des théories du sociologue et philosophe allemand Max Weber, n'était pas dépourvue de bon sens. Loin de là. En effet, Hervé Sérieyx nous rappelle qu'avant que le terme de « bureaucratie » ne soit affublé de sa connotation lourdement péjorative, « la bureaucratie était un véritable art de gouverner dans lequel des personnes très obéissantes transmettaient, faisaient et exécutaient ». Parfaitement adaptée à une époque où la stabilité était de mise, une époque où les « chefs savaient », l'organisation bureaucratique – « qui fabrique jour après jour la même chose et toujours de la même façon » –, selon Noel M. Tichy, professeur de comportement organisationnel et de gestion des ressources humaines à la School of Business Administration de l'Université du Michigan, a rendu de fiers services aux sociétés occidentales. Le modèle était parfaitement cohérent avec la dynamique macro-économique à l'œuvre. Mais de l'avis de Ivor K. Davies, le problème ne vient pas de ce que le mode d'organisation ayant survécu jusqu'ici était mauvais en soi. C'est tout simplement qu'il n'est plus apte à répondre aux bouleversements de l'époque. Son temps de réaction est lent parce que, trop souvent, on y interdit aux employés de penser.

Aujourd'hui, les célèbres préceptes de l'ingénieur français Henry Fayol (1841-1925), « prévoir », « organiser », « commander », « coordonner » et « contrôler », ne tiennent plus. Pas plus que l'idée de la production standardisée en grande série de Henry Ford (1863-1947), laquelle remporta d'éclatants succès dès la mise en service en 1913 de la chaîne de montage de la Ford T. Pas plus non plus que ne tiennent la fameuse « organisation scientifique du travail » de Frederick Winslow Taylor (1856-1915), ou encore les emprunts que le management fit aux théories de Max Weber (1864-1920)[1].

Certes, les formes d'organisation que nous connaissons aujourd'hui ont évolué depuis Taylor, Ford et les autres. Mais elles puisent encore à la même logique. La « rupture » attendue depuis une dizaine d'années ne s'est pas encore accomplie.

« Faire autrement »

Après avoir tenté depuis dix ans de « faire plus avec moins », une expression qui rime désormais douloureusement avec compression, coupure et rationalisation, le temps est venu de « faire autrement », affirme Hervé Sérieyx, qui en appelle à une véritable révolution des structures organisationnelles et des esprits. La problématique s'est métamorphosée. Pour les organisations, il ne doit plus simplement s'agir de procéder à de simples réaménagements. Pas plus que de tenter de pallier les dysfonctionnements et de ravaler les façades. Tout est à refaire et tout est à repenser.

Le temps est venu de « faire autrement ».

Les tendances socio-économiques remettent en cause les fondements mêmes des organisations. Empêtrées dans leurs structures, les organisations ont en effet de la peine à réagir promptement aux nouvelles exigences de l'époque moderne que sont, par exemple, la flexibilité, la productivité, la qualité et l'innovation. Les organisations ne peuvent donc plus seulement se contenter d'enfiler de nouveaux vêtements à la sauvette : il leur faut changer de corps, à défaut de quoi, l'ancien continuera de constituer une entrave aux progrès.

---

1. Pour une biographie critique et bien documentée des théoriciens classiques du management, voir l'ouvrage de Omar Aktouf *Le management entre tradition et renouvellement*.

Puisque les organisations sont dépassées par le futur qui se met en place, il est impératif de créer un nouveau type d'organisation. « Il est temps, précise Hervé Sérieyx, de concevoir l'organisation différente de ce qu'elle a été en la décentralisant et en redistribuant ses pouvoirs. » Un peu comme ont entrepris de le faire, par exemple, IBM, General Motors et plusieurs autres. En effet, par instinct de survie, ces deux symboles par excellence du capitalisme américain, viennent de s'engager dans une réorganisation tous azimuts de leurs opérations. Certes, l'orgueil de leurs dirigeants, qui croyaient en la pérennité de leur organisation, a été mis à mal, mais ces derniers ont dû reconnaître qu'ils ne passeraient pas à travers la tempête qui s'est levée en maintenant le statu quo.

Il n'est plus temps de se demander si l'on doit accroître les budgets ou encore compliquer l'organigramme en y ajoutant de nouvelles fonctions.

Dans une entrevue accordée à *La Presse canadienne* (samedi, le 26 juin 1993), Anita Ross, vice-présidente aux ressources humaines d'IBM Canada expliqua que le premier groupe informatique mondial avait réalisé que sa structure corporative « était trop importante et trop lente à s'adapter aux forces du marché ». Le temps de réaction de « Big Blue », qui a perdu 7 milliards de dollars au cours des deux dernières années, était ralenti par ses dix niveaux de direction. Aujourd'hui, il n'en reste plus que quatre. Comme pour les entreprises privées, il n'est plus temps non plus, à l'aube du XXIe siècle, de se demander si l'on doit réduire la taille de l'État ou si l'on doit accroître les budgets ou encore compliquer l'organigramme en y ajoutant de nouvelles fonctions : « Il faut également faire l'État autrement ».

Hervé Sérieyx, qui est aussi président de l'Institut régional d'administration de Lille, en appelle à une réforme en profondeur de la façon de faire les choses afin que les fonctionnaires et l'ensemble des citoyens y gagnent. À son avis, il n'existe pas d'autre solution qui puisse à long terme épargner une coupe sombre dans les fonctions régaliennes de l'État.

Nulle part, dans aucune loi d'airain, il n'est stipulé que l'État est atteint d'une tare congénitale qui l'empêcherait par nature et à tout jamais de tendre vers l'efficience, non plus que de véritablement remplir ses missions. Toutefois, un handicap majeur subsiste : les États, à l'instar de toutes les organisations, mais peut-être à un degré supérieur, ont découpé le réel « en petits morceaux ». Dignes héritiers de la pensée de Descartes, ils ont « saucissonné » la réalité. C'est ainsi que Hervé Sérieyx dénonce la « verticalité de nos administrations dans un monde où les problèmes, qu'il s'agisse d'éducation, de sécurité ou d'emploi, sont transversaux ». Il faut, selon lui, substituer à l'État « vertical » un État transversal afin de pouvoir englober des problèmes par nature insécables. « Il faudrait au moins aussi que ses différents services travaillent au service les uns des autres, et si possible au nôtre. » L'État doit passer du « fonctionnement par habitude à la redéfinition de sa mission. Il ne doit plus seulement fonctionner, il doit missionner, proclame Hervé Sérieyx à la manière du clown Sol. Il doit retrouver du sens. Travailler pour les usagers. Il doit passer des dépenses aux résultats. » Actuellement, les gouvernements dépensent sans se préoccuper des résultats, se contentant de s'assurer que les sommes engagées l'ont été en respectant les critères établis pour tel ou tel programme. Que ces mesures produisent ou non des résultats importe peu finalement. « On ne regarde jamais si les objectifs qui ont conduit à une dépense ont été atteints. » Les États doivent cesser de confondre activités, agitations et réalisations.

Devant l'extrême complexité des problèmes à résoudre, « il est temps, il est urgent de restaurer la dimension collective de l'action publique », écrit Michel Rocard qui, alors qu'il était Premier ministre, mit de l'avant plusieurs actions de rénovation dans l'administration publique française (Groupe Innovation, 1993, p. 42). Dans la plupart des administrations publiques, le « sens » des actions s'est égaré, selon lui. Comme si l'on avait oublié que la finalité de l'action publique n'est pas de façonner un mode de vie dont les acteurs sociaux ne voudraient pas mais plutôt de viser l'amélioration des conditions de vie des citoyens.

De l'organisation traditionnelle à l'organisation moderne

Au-delà de leurs préoccupations spécifiques sur les ingrédients à rassembler pour faire naître l'organisation de demain, tous les conférenciers invités ont convenu que les organisations doivent mettre en œuvre des solutions novatrices, plus conformes à la nouvelle donne locale, nationale et internationale. Qui a dit que les marges de manœuvre s'étaient réduites comme la peau de chagrin au point d'être aujourd'hui inexistantes ? Certainement pas eux. Ils estiment qu'il est temps de miser sur l'intelligence des femmes et des hommes de toutes les organisations.

La compétition entre les organisations, qu'il s'agisse d'entreprises privées, de sociétés publiques ou d'État, se jouera principalement sur la manière dont elles s'engageront dans l'aventure. En effet, de plus en plus d'observateurs en sont convaincus : la crise que traverse l'Occident est profondément structurelle. Pour eux, il ne fait plus l'ombre d'un doute que ce n'est pas uniquement, par exemple, par une plus grande libéralisation du commerce international que les pays industrialisés recouvreront leur allant économique. Leur salut est ailleurs. Cette crise, affirment-ils avec force, ne pourra être résolue que par une « révolution de l'intelligence ». Une révolution qui, s'appuyant sur les chocs en cours, marquera une réelle rupture avec « l'ordre ancien ». Aussi, les organisations ne peuvent-elles plus se permettre d'endiguer l'immense réservoir de potentiels des individus, selon William J. O'Brien. Lorsque vous ouvrez les vannes de ce réservoir, « vous augmentez votre productivité et vos performances financières ».

La principale clef pouvant conduire les organisations vers le succès reposera sur la capacité de leurs leaders à créer une organisation intelligente.

Durant les années 90 déclare pour sa part Warren Bennis, « la principale clef pouvant conduire les organisations vers le succès reposera sur la capacité de leurs leaders à créer une organisation intelligente ». Fort de l'idée selon laquelle les ressources humaines ne forment pas une collection d'individus mais bel et bien un système organisé, « faire l'organisation autrement », c'est nécessairement réorganiser de fond en comble l'ensemble des relations entre employés, ainsi qu'entre eux et les équipes dirigeantes. Donc, dans un univers dominé par une logique différente, on ne peut plus ni organiser, ni prévoir, ni commander de la même manière, soutient Art McNeil. On délaisse alors le terrain des discours à la mode, et cette fois, le problème du gouvernement, c'est-à-dire celui de la conduite des hommes et des choses, est véritablement posé.

Quel pilotage ?

Probablement jamais plus qu'aujourd'hui dans l'histoire, les organisations n'auront eu autant besoin de pouvoir compter sur l'intelligence active des hommes et des femmes. Dorénavant, « les organisations ne devront plus leur survie à des hommes et des femmes qui obéissent mais à des hommes et des femmes qui prennent des initiatives, qui décident et qui s'engagent », déclare Hervé Sérieyx. La logique de l'obéissance doit céder le pas à la logique de la responsabilité. Malheureusement, le lien de confiance, si tant est qu'il ait jamais existé, entre la direction et l'ensemble des employés, « cette ressource stratégique et capitale », a été rompu. Les ponts doivent être rebâtis.

La tangente suivie ces dernières années est mauvaise, déplore Hervé Sérieyx, qui se déclare profondément déçu de voir, par exemple, ce qu'il est advenu des cercles de qualité et des projets d'entreprise.

On a regardé les cercles de qualité ou les projets d'entreprise comme étant des outils pouvant d'eux-mêmes transformer les organisations et la marche des choses. Mais non. Si celui qui les met en place ne se transforme pas lui-même, on aboutit à pire qu'hier. On débouche sur des modes d'organisation taylorien en diable. Des modes d'organisation dans lesquels on a fait que rajouter un peu de gentillesse pour le petit personnel. Un peu de confiture humaniste.

[...] Toutes ces méthodes instituées pour transformer les organisations, pour faire en sorte que les femmes et les hommes soient véritablement au pilotage, ont été détournées de leurs sens. Elles ont été travesties. Elles ont créé un modèle encore plus pervers que le modèle taylorien, qui est « la soft tyrannie ». On a fait du douceâtre ayant surtout servi à embobiner.

« Ce n'est pas cela qui doit être au cœur du changement des organisations. Il n'est que temps, poursuit-il, de passer de l'entreprise du personnel à l'entreprise des personnes. » Il n'est que temps de jeter aux orties l'anachronique modèle fordo-taylorien fondé sur le pouvoir que des dominants exercent sur des dominés, sur la parcellisation des tâches, l'éclatement en fonctions séparées, la centralisation et la rétention de l'information. Il n'est que temps de miser résolument sur les capacités d'employés plus instruits et plus informés.

Aux leaders des organisations de jouer

« De tout temps, la seule chose qui n'ait jamais changé, c'est le changement », rappelle Hervé Sérieyx, en citant le philosophe grec Héraclite, mort en 480 av. J.-C. Le changement est naturel et fécond. Il est un tremplin vers demain.

De tout temps également, les organisations ont dû tenir compte des forces et des contraintes externes à l'œuvre au sein de leur environnement afin de redéployer leur mission, leurs structures et leur mode de fonctionnement. « Mais si l'on en parle tant aujourd'hui, c'est que chacun de nous ressent bien que nos organisations ne sont pas faites pour affronter les chocs en cours », souligne-t-il. Inextricablement liés les uns aux autres, les chocs géopolitiques, géosociologiques, géo-économiques et géotechnologiques appellent une autre révolution, de nature paradigmatique celle-là, devant être opérée par chacun de nous, dans toutes nos organisations. « Ces chocs nous contraignent de toute urgence à reformuler nos façons de penser », une étape qui, une fois franchie, doit nous amener « à gérer et à collaborer différemment ». Si nous n'y prenons pas garde dès à présent, avertit Noel M. Tichy, nous serons coupables de léguer en héritage aux générations futures une qualité de vie inférieure à celle dont nous avons pu bénéficier.

Le défi est gigantesque. « Les organisations d'hier sont notre prison mentale : elles nous empêchent de voir que nous pouvons produire autrement, administrer autrement [...], alors que le monde de demain l'exige et que les changements d'aujourd'hui le permettent. » (Sérieyx, 1993, p. 15)

Ainsi confortées par des décennies de succès, les habitudes lâchent difficilement prise. N'importe quel système ayant évolué durant des années dans un environnement donné rencontrera toujours plusieurs difficultés à s'adapter à un nouvel environnement, rappelle François Perdrizet, directeur départemental de l'équipement de la Moselle, en France.

Quand nous avançons dans la vie, nous acquérons des habitudes. Ce sont des façons d'encadrer et de ponctuer dans le temps certaines de nos relations avec les événements ou les personnes. Les habitudes sont pour la plupart inconscientes, mais se révèlent de ce fait bien utiles, car elles économisent des processus de pensée consciente. Pourtant, il existe des circonstances où certaines de nos habitudes sont ou deviennent nuisibles. (Groupe Innovation, 1993, p. 101)

Il convient d'y prendre garde, souligne-t-il, car ce qui a fait le succès des entreprises dans le passé risque aujourd'hui de les miner.

John W. Baker II, auteur de nombreux articles spécialisés et consultant en ressources humaines auprès d'entreprises américaines et asiatiques, est d'avis que la conjoncture actuelle a quelque chose de très stimulant pour qui veut bien s'atteler à la tâche de concevoir une organisation aux structures et méthodes de travail novatrices.

L'époque « offre de nouvelles possibilités ainsi que des défis pour de nouveaux leaders qui ont l'occasion de démontrer leurs capacités de diverses manières, en faisant preuve d'esprit d'innovation, en prenant en main le changement, en éveillant ou en engendrant la confiance et l'intégrité chez les personnes avec lesquelles ils travaillent » (Groupe Innovation, 1993, p. 78). Paroles d'optimiste ? Peut-être pas. Car, en même temps qu'ils font peser une lourde menace sur les organisations, tous ces chocs portent également en eux des germes permettant aux organisations de se transformer. Tous permettent aux organisations d'emprunter de nouvelles voies de recomposition. Cela dit, « sans l'appui, le soutien et le total engagement des leaders des organisations dans cette entreprise révolutionnaire, déclare Art McNeil, tous les changements préconisés, qu'il s'agisse de flexibilité, de décentralisation ou de qualité totale, sont d'avance condamnés à l'échec. »

Sans l'appui, le soutien et le total engagement des leaders, tous les changements sont d'avance condamnés à l'échec.

Les conférenciers invités affirment que les changements à mettre en branle requièrent un leadership inspiré ainsi qu'une volonté sans équivoque de revoir de A à Z les structures organisationnelles. Le leadership, selon eux, est le facteur clé de la mise en valeur des ressources humaines (voir chapitre 5). Aussi, appartient-il aux leaders des organisations d'être des agents du changement.

Dans un enregistrement vidéo présenté par Noel M. Tichy lors du colloque d'avril dernier, Jack Welch, PDG de General Electric, y allait de quelques commentaires sur les bouleversements socio-économiques en cours et sur les défis qu'ils faisaient peser sur les organisations :

Que le monde change, soit. Mais nous devons nous aussi changer. Nous devons nous y adapter. Les changements ne doivent pas nous effrayer. Ils doivent nous inspirer.

Pour lui, comme pour un nombre croissant de leaders, le monde nouveau n'est pas une calamité. Il est un espoir. Les crises peuvent être exploitées. Elles peuvent être de formidables occasions de progrès.

Un monde s'éteint. Un autre émerge. Saurons-nous le saisir au bond ?

Chapitre 2

Tout est devenu imprévisible et incontrôlable

La totale imprédictibilité des choses

Pour Warren Bennis, de l'Université de Southern California, les révolutions économiques, sociologiques et technologiques à l'œuvre sont si extraordinaires qu'elles font se fracasser contre les murs toutes nos vieilles certitudes. Elles font sauter l'ensemble des croyances forgées tout au long de ce siècle et aussi, admettons-le, par ce qui ressembla souvent, en d'autres moments, à une formule à succès.

La chute du mur de Berlin en novembre 1989 fut comme un révélateur. Les Berlinois qui, à coups de massue et de bulldozer, le jetèrent par terre révélèrent au monde entier que la planète avait basculé dans un autre univers. Depuis cette date, nombreux sont ceux qui ont acquis la conviction que l'histoire s'est mise à courir. Ils n'ont pas tort. Désormais, la réalité d'hier n'est jamais plus celle du lendemain. Souvenons-nous seulement, rappelle Warren Bennis, de ce cosmonaute soviétique qui, contraint de séjourner dans l'espace pendant 14 mois, revint dans un pays qui n'existait plus et dans une ville, Leningrad, qui avait retrouvé son nom d'antan : Saint-Pétersbourg – Saint-Pétersbourg qui, prenant les bouchées doubles, réclame aujourd'hui d'être reconnue comme « République autonome ». Tout va-t-il trop vite ?

Citant le rapport Ramsès sur l'état du monde paru en janvier 1993, Hervé Sérieyx déclare que « nous avons troqué la menace Est-Ouest pour une menace encore bien plus grande : celle de la totale imprédictibilité des choses ». En effet, la notion d'imprédictibilité est intimement liée au concept mathématique du « chaos » développé dans les années 70 et auquel de plus en plus de disciplines réfèrent. Plusieurs économistes estiment aujourd'hui que, à l'instar des phénomènes physiques, biologiques et autres, les systèmes économiques possèdent une « structure chaotique », laquelle rend toute prédiction virtuellement impossible. « Si vous n'êtes pas troublé à l'heure actuelle, si votre esprit n'est pas confus, c'est que vous ne comprenez pas ce qui se passe », a déjà confié Jack Welch à Warren Bennis, qui rapporte que le PDG de General Electric ne s'exprimait pas sur le ton de la boutade !

Le monde change tellement vite qu'il est devenu impossible d'appréhender quoi que ce soit sans se tromper. Bâtir son entreprise en fonction de ce que l'on pense qu'il adviendra dans 10 ou 15 ans équivaut désormais à rien de moins que jouer à la roulette russe, ajoute William J. O'Brien d'Hanover Insurance. Aucun leader ne peut plus bâtir son entreprise sur des prévisions montrant à quoi ressemblera au XXIe siècle l'industrie dans laquelle il évolue.

D'ailleurs, qui croit encore à la valeur de la planification stratégique dans les entreprises ? On ne sait même plus ce qui se passera dans quelques mois, renchérit Hervé Sérieyx. Et le moindre événement se déroulant à 10 000 kilomètres de chez soi peut à lui seul entraîner une cascade de conséquences incalculables et imprévisibles.

Assis sur son volcan politique, Boris Elstine occupera-t-il encore son poste dans un an ? Quelle pression exercera la Bundesbank sur les taux d'intérêt allemands ? Des cohortes de chômeurs se mettront-elles à défiler par centaines de milliers dans les rues ? Le Canada se verra-t-il imposer des conditions budgétaires draconiennes par le Fonds monétaire international et ses créanciers internationaux, l'obligeant à découper aux ciseaux ses programmes sociaux ?

Partout et dans tous les domaines, des phénomènes complexes et contradictoires sont à l'œuvre. Pendant que les 111 États membres du GATT, responsables d'environ 90 % du commerce de la planète, cherchent tant bien que mal depuis 1986 dans le cadre de l'Uruguay Round, à définir les règles qui régiront le commerce international des biens et services au XXIe siècle, différentes zones économiques régionales se constituent et se renforcent. Toutes, la Communauté économique européenne, la zone nord-américaine de libre-échange, l'Association des nations de l'Asie du Sud-Est ou le Mercusor, affirment vouloir se serrer les coudes afin de répondre aux défis lancés par l'une ou l'autre de ces entités économiques. La seule certitude que laisse planer cette tendance paradoxale est que la concurrence commerciale entre les entreprises et les États du monde entier sera à terme plus forte et plus vive que jamais... À moins, bien sûr, que les critiques de plus en plus acerbes qui fusent de toutes parts, et singulièrement en France, à l'encontre du « culte du libre-échange » – libre-échange qui a jusqu'ici fondé la prospérité occidentale –, parviennent à freiner le processus en cours. On ne sait pas, on ne sait rien !

Il est désormais vain de chercher à acquérir « des rentes de situations durables », avise le sociologue français Michel Crozier, selon qui « l'accélération du changement dans un tel monde de concurrence met en péril la stabilité des grandes entreprises et la permanence des grands intérêts traditionnels » (Crozier, 1989, p. 26). L'apparente stabilité des grands systèmes est révolue. Aussi convient-il de miser sur l'innovation et, surtout, de s'assurer d'une solide capacité de renouvellement perpétuel.

S'élevant quelques instants au-dessus de la mêlée, Michel Crozier estime que nous vivons sans aucun doute une nouvelle révolution industrielle. Une révolution peut-être plus profonde encore que celle des XVIIIe et XIXe siècles !

> **[Cette révolution] est en train de transformer radicalement les activités des hommes et des femmes de nos sociétés et, en même temps que leurs activités, leurs modes d'organisation, leurs styles de relations, leurs raisonnements, et bien sûr, très indirectement et avec retard, l'image qu'ils ont de la société et de la politique. (Crozier, 1989, p. 21)**

Bouleversement des grands systèmes géopolitiques

L'effondrement récent du « système communiste » ne favorisera en rien la stabilité des grands systèmes politiques. L'échec avéré de ce modèle qui aura marqué l'histoire du siècle de façon indélébile n'aura pas suffi à mettre un terme aux idéologies. Bien au contraire. Si l'idéologie communiste semble à l'heure actuelle devoir être reléguée aux oubliettes de l'histoire, une césure est apparue au sein du capitalisme. Michel Albert l'a révélé de brillante façon dans son ouvrage

Capitalisme contre capitalisme. Paru l'an dernier, son essai s'est rapidement imposé à tous. Gestionnaires, dirigeants et grands commis de l'État s'en nourrissent avidement. L'opposition, affirme l'auteur, n'existe plus entre capitalisme et communisme mais entre capitalisme « néo-américain » et capitalisme « rhénan ». Le premier est fondé sur la réussite individuelle et son corollaire, le profit à court terme. Le second, le « rhénan », met l'accent sur la réussite collective et ses deux corollaires, le consensus et le souci du long terme. Sans être inintéressés par le versement trimestriel de dividendes, les actionnaires qui adhèrent au modèle « rhénan » privilégient avant tout la capitalisation des entreprises. Centré sur l'Allemagne, ce modèle partage plusieurs atomes crochus avec le Japon.

L'opposition n'existe plus entre capitalisme et communisme, mais entre capitalisme « néo-américain » et capitalisme « rhénan ».

La France et le Québec empruntent indistinctement aux deux modèles, le « rhénan » et le « néo-américain ». Chacun de ces deux grands modèles est mû par la propre conviction qu'il se fait de la place de l'homme au sein de la société, mais aussi de la place devant être accordée au marché et du rôle devant échoir aux états modernes. Nul mystère à cela, rappelle Charles Hampden-Turner, professeur associé en dynamique des systèmes au MIT à Boston et Senior Research Fellow à la London Business School. Chaque type de capitalisme se développe en fonction de la culture dont il est issu et des rapports que ses citoyens entretiennent entre eux. Tout système productif ne peut faire autrement que de puiser dans ses traditions et particularismes nationaux.

L'opposition entre les modèles « rhénan » et « néo-américain » promet de générer de vives polémiques au cours des prochaines années. Tenants du capitalisme « mutualiste » et tenants du capitalisme « individualiste » sont à couteaux tirés. La fracture menace de se transformer en schisme.

Ce sera une guerre souterraine, violente, implacable, mais feutrée et même hypocrite, comme le sont, dans une même Église, toutes les guerres de chapelles. Une guerre de frères ennemis armés de deux modèles issus d'un même système, porteurs de deux logiques antagonistes du capitalisme au sein d'un même libéralisme. (Albert, 1991, p. 26)

Plusieurs observateurs pensent que le modèle « rhénan » peut conduire vers l'organisation de demain plus facilement que le modèle « néo-américain ». C'est le cas d'Hervé Sérieyx, selon qui « l'esprit mutualiste », ou ce qu'il appelle « l'économie sociale de marché », dans lequel des citoyens mutualisent le risque afin de résoudre des problèmes communs, « est appelé à devenir l'une des grandes réponses du futur de nos sociétés ». Pour Michel Albert, la petite histoire de la dernière décennie « montre que le modèle rhénan, deuxième modèle, qui n'avait pas jusqu'ici eu le droit de recevoir sa carte d'identité, est à la fois le plus juste et le plus efficace ». Une opinion que partage aussi Charles Hampden-Turner. Les Américains, écrit-il, ont longtemps été persuadés qu'eux seuls savaient ce qu'était le capitalisme. Pourtant, « lorsque nous regardons de près ce que font l'Allemagne, la France et le Japon, nous pouvons nous demander si l'on n'assiste pas là à un processus évolutif plus réussi » (Groupe Innovation, 1993, p. 53). « Le modèle américain a cessé de connaître du succès dès que les consommateurs ont commencé à réclamer des produits de plus en plus sophistiqués », critique-t-il sévèrement.

En dépit de sa supériorité manifeste au cours des vingt dernières années, le modèle rhénan n'en est pas moins soumis, lui aussi, aux fortes turbulences du temps. En effet, l'an dernier, pendant que Mitsubishi et Mazda voyaient leurs bénéfices plonger, Nissan accusait les premières pertes de son histoire. Dans l'électronique, Sony, Hitachi, Matsushita et autres ont également vu leurs bénéfices dégringoler.

Le Japon est donc à son tour traversé par de sérieuses remises en question. En juin, le journal *Mainichi Shimbun* publiait les résultats d'une enquête selon laquelle 74 % des responsables d'entreprises japonaises prévoyaient réduire leurs embauches de jeunes diplômés au cours des prochaines années. Les secteurs les plus touchés devraient être l'électronique, l'informatique, les appareils de communication et les appareils de précision. Comme en Europe, où la réunification de l'Allemagne a bouleversé les équilibres traditionnels, il semble que la crise économique japonaise relève davantage de la conjoncture qu'en Amérique du Nord où elle est clairement et profondément structurelle. De plus, en Amérique du Nord, il existe aujourd'hui des « forces conductrices distinctives » qui, qu'on le veuille ou non, participent et participeront encore plus profondément au cours des prochaines années à la transformation radicale des organisations, affirme Gregory Schmid de l'Institut du futur de Menlo Park en Californie. Parmi celles-ci, deux auront un impact significatif : l'immigration et le niveau d'instruction et d'information des jeunes générations. C'est ainsi, pense-t-il, que le modèle des organisations nord-américaines du XXIe siècle ne pourra pas être une simple transposition des modèles de gestion actuellement en vigueur en Europe ou en Asie. Les organisations nord-américaines doivent se réinventer à partir de ce qui est ici et maintenant.

Des transformations sociologiques

Les jeunes adultes nord-américains sont plus scolarisés et plus informés que toutes les générations qui les ont précédés. Plus même que la génération des baby-boomers, ce qui n'est pas peu dire. Aujourd'hui âgés entre 30 et 50 ans, les membres de cette génération furent en effet les premiers à accéder en aussi grand nombre à l'éducation supérieure. Or, en dépit de l'important taux de décrochage scolaire affectant leur cohorte d'âge, le pourcentage de jeunes nord-américains poursuivant des études supérieures n'a jamais été si élevé qu'aujourd'hui (voir tableaux 1, 2, 3). Il est même plus élevé qu'en Europe ou en Asie, affirme Gregory Schmid, selon qui le degré d'instruction est même en voie de constituer le nouveau déterminant des classes sociales de ce côté-ci de l'Atlantique. Qui plus est, tendances et projections laissent toutes supposer que les générations qui suivront la « Génération X », celle dont les membres ont aujourd'hui entre 18 et 29 ans, seront encore plus scolarisées. Plus que bienvenue, cette course vers le « toujours plus de scolarité » sous-tend plusieurs phénomènes. N'oublions pas, rappelle le prospectiviste, que les désirs, les attentes et les besoins des citoyens sont fonction du niveau de scolarité et d'information qu'ils possèdent.

TABLEAU 1

Une population instruite

Proportion des individus âgés de plus de 25 ans qui détiennent un baccalauréat

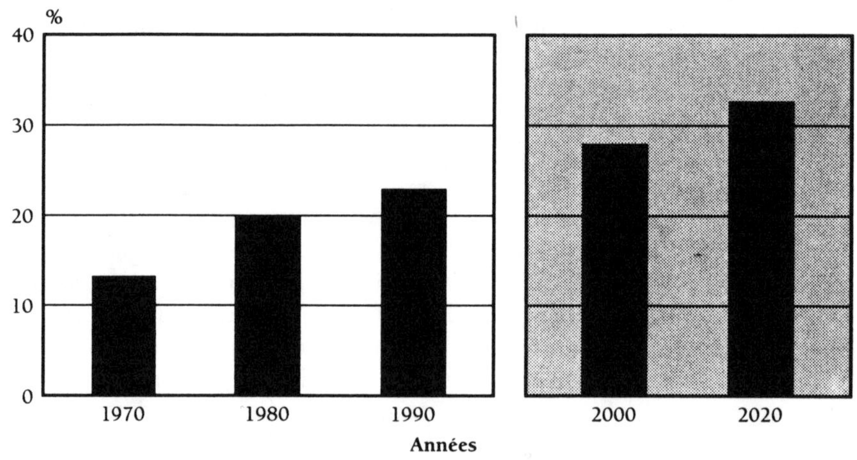

L'équation est simple et sans appel. Plus ils sont avertis, plus ils deviennent autonomes et critiques. L'instruction et l'apprentissage ont ainsi deux corollaires majeurs : un scepticisme grandissant et des comportements de consommation « complexes ». « Les organisations n'auront pas le choix d'en tenir compte », déclare Gregory Schmid, que ce soit pour leurs employés ou les consommateurs à qui elles destinent leurs biens et services. En effet, les employés sceptiques sont « moins dociles » que les autres, moins malléables. Ils dédaignent la discipline de type militaire et regimbent devant l'autorité, à moins que celle-ci ne soit fondée sur d'évidentes et d'indéniables compétences. En outre, les subordonnés plus scolarisés ne tiennent aucune prétendue vérité venue d'en haut pour acquise. Qui plus est, ils remettent perpétuellement tout en question. Ils savent que les « chefs » ne savent plus. Ils savent que leur supérieur hiérarchique n'a rien d'un maître omniscient. Ils savent qu'ils en savent parfois plus que les gestionnaires qui les contrôlent et leur donnent des ordres. Ils soulèvent des questions fondamentales, presque déstabilisatrices pour l'ordre établi. Ils remettent en question les façons de faire, allant même souvent jusqu'à s'interroger sur l'anachronisme des modes traditionnels d'organisation.

TABLEAU 2
La courbe d'apprentissage
Pourcentage des jeunes qui poursuivent des études postsecondaires

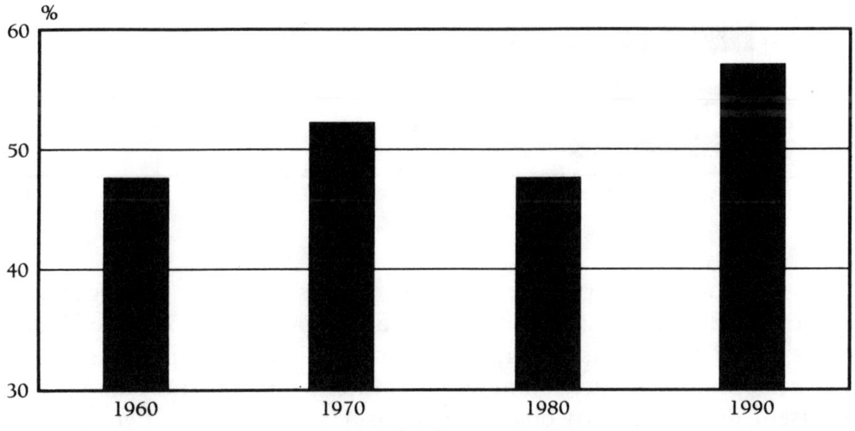

Les aspirations des générations montantes ne trouvent plus à s'épanouir dans l'organisation fordo-taylorienne. Portés par de nouvelles valeurs, les employés sceptiques ont le vif désir de s'accomplir au travail. Pour eux, la qualité de vie prime avant toute autre considération. Ils ne désirent plus sacrifier leur existence sur l'autel des dollars. Afin de briser ce mur de scepticisme – peut-être attribuable à un certain désabusement et la mise au rancart de plusieurs illusions – les dirigeants des organisations devront changer leur fusil d'épaule, prévient Omar Aktouf, professeur titulaire de management à l'École des Hautes Études Commerciales de Montréal. « Ils ne pourront plus se contenter de dire ou d'ordonner. Ils devront convaincre et persuader leurs employés de la validité de leur point de vue », renchérit Gregory Schmid. La confiance aveugle envers les institutions, qu'il s'agisse des gouvernements, des entreprises, des syndicats ou d'autres, s'effrite. La base syndicale agit de plus en plus en ordre dispersé, refusant de se plier aux diktats des chefs.

TABLEAU 3
L'éducation sur le plan international
Pourcentage des jeunes inscrits à des études postsecondaires

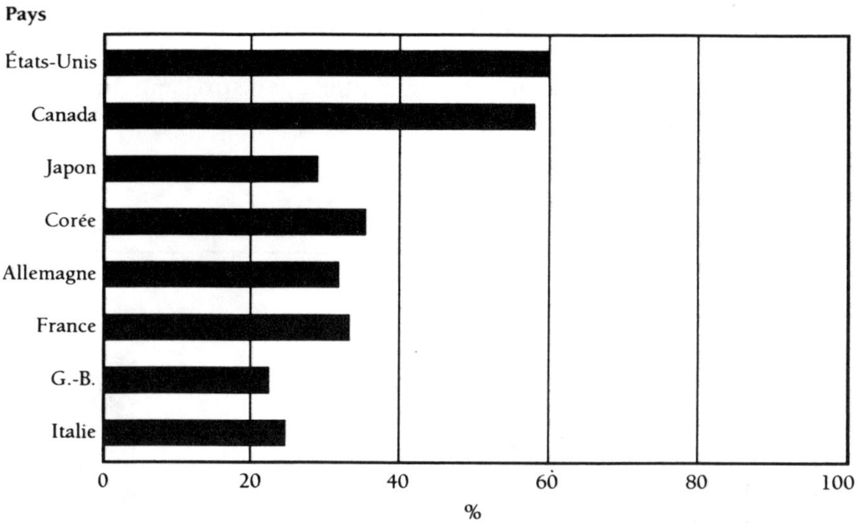

En outre, de plus en plus de jeunes refusent l'engagement politique. Ils le perçoivent comme un embrigadement, observe Hervé Sérieyx, lui-même enseignant universitaire. « Ils n'ont plus les engagements politiques qu'avaient les générations précédentes parce qu'ils refusent de fermer leur champ de conscience à la seule plate-forme d'un parti. » Au Québec, la toute récente constitution du Forum Option-Jeunesse, né de la dissociation d'une partie de l'aile jeunesse du Parti libéral, en est une illustration frappante. Tous les sondages s'étant penchés sur ces questions confirment la méfiance grandissante de la population en général, et des jeunes en particulier, à l'endroit d'institutions naguère considérées comme des autorités morales. Mais ce sont les entreprises et le monde des affaires en général

Les aspirations des générations montantes ne trouvent plus à s'épanouir dans l'organisation fordo-taylorienne.

qui subissent la chute de confiance la plus vertigineuse. Alors qu'environ 55 % des Américains interrogés déclaraient en 1966 avoir une grande confiance en cette sphère qui cimenta en quelque sorte le rêve américain, ils n'étaient plus qu'environ 15 % à témoigner du même degré de confiance en 1991 (voir tableaux 4 et 5). Par contre, les questions environnementales (voir tableau 6) et internationales sont devenues des préoccupations majeures outrepassant l'effet de mode, constate Gregory Schmid. Ont-ils une conscience plus aiguë des enjeux que comportera l'existence une planète habitée par sept milliards de personnes en l'an 2020 ?

TABLEAU 4

La confiance continue de baisser

Pourcentage des gens qui disent avoir « grande confiance... »

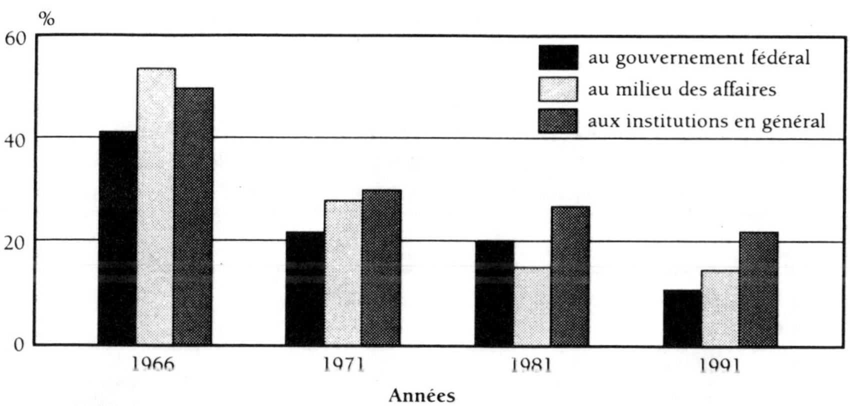

Ce scepticisme grandissant se répand aussi chez les consommateurs. De plus en plus méfiants, ces derniers sont aussi de plus en plus infidèles, entre autres, aux grandes marques qui firent longtemps la pluie et le beau temps sur les étals des marchands (voir tableau 7). Les comportements de consommation se transforment. « Dépenser pour dépenser » est un comportement dépassé. Les consommateurs sont plus circonspects, ils retournent à l'essence des choses. Les produits sont de moins en moins considérés au regard de l'image sociale qu'ils confèrent à leurs détenteurs et de plus en plus, en fonction de leur utilité et de leur valeur intrinsèques. Il n'est, par exemple, plus de bon ton de rouler dans une voiture de l'année comme ce l'était auparavant (Revue *Commerce*, juin 1993). Nourri de valeurs écologiques, le consommateur préfère la durabilité.

TABLEAU 5

Intérêt de la génération montante pour les affaires

Pourcentage des étudiants nouvellement inscrits à des études postsecondaires qui choisissent les affaires comme option de carrière

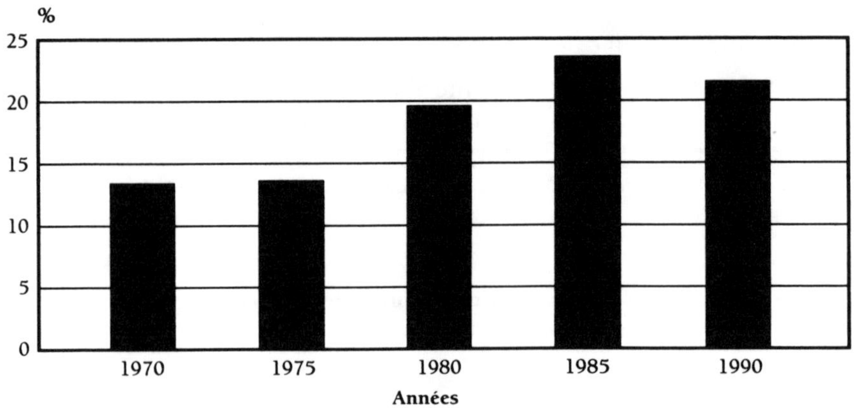

TABLEAU 6

Préoccupation des jeunes pour les questions environnementales

Pourcentage des étudiants nouvellement inscrits à des études postsecondaires qui souhaiteraient plus de réglementations gouvernementales sur l'environnement

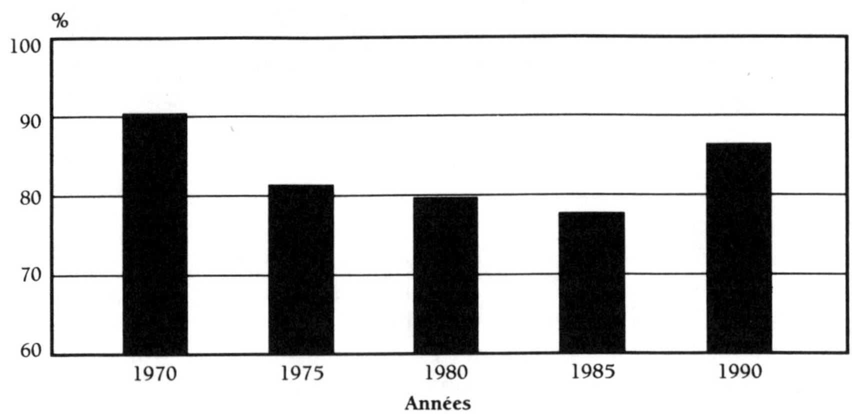

Les organisations devront également se réinventer en tenant compte de plusieurs autres tendances lourdes, souligne Gregory Schmid. Par exemple, les voyages de plus en plus nombreux qu'effectuent les

jeunes Nord-Américains à travers le monde, ce qui a pour effet d'abolir certaines frontières mentales tenaces et de développer chez eux le goût de produits internationaux. Mais surtout, les organisations, particulièrement celles implantées dans les métropoles, devront tenir compte de ce que de plus en plus de ressortissants de l'Est et du Sud migrent vers le Nord. Cette nouvelle immigration est en train de donner naissance à un nouveau profil de société. En dépit des virulents débats ayant cours en Europe sur cette question, le phénomène migratoire demeure plus important en Amérique du Nord que sur l'Ancien Continent, affirme Gregory Schmid. Même si plusieurs États, parmi lesquels l'Allemagne, la France et maintenant les États-Unis, tentent d'y répondre en réformant le droit d'asile, le phénomène migratoire n'est pas prêt de se résorber. Il s'alimente à trois sources principales : la croissance démographique annuelle dans le monde (93 millions d'individus), l'appauvrissement et le manque de moyens d'existence et aussi, mais dans une moindre mesure, l'attrait que continuent d'exercer les « nations riches ».

TABLEAU 7
Baisse de la fidélité à la marque des produits
Pourcentage des répondants qui déclarent avoir l'habitude de choisir des marques connues

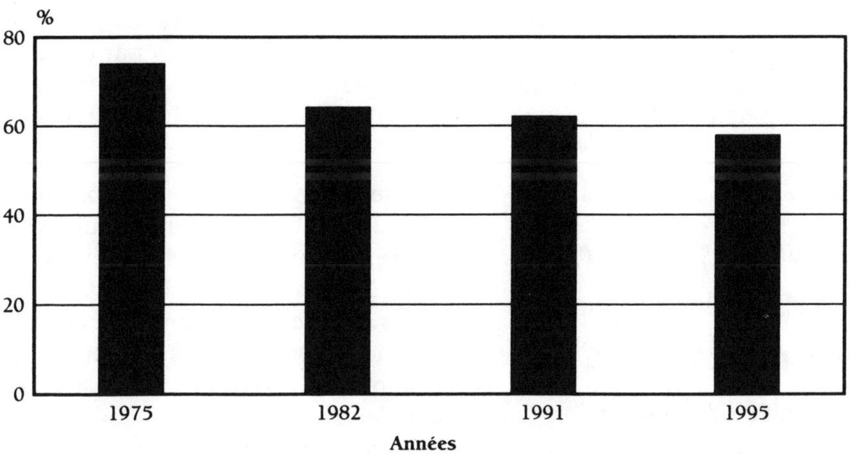

La Californie, où habite Gregory Schmid, accueille à elle seule le tiers des immigrants s'établisssant aux États-Unis. De son côté, depuis le milieu des années 80, le Québec accueille bon an mal an quelque 40 000 nouveaux immigrants par année; environ 90 % d'entre eux s'établissent à Montréal.

En fait, aucun de ces phénomènes n'est une malédiction pour les organisations. Bien au contraire, ils représentent leur chance de survie. Les générations montantes sont imaginatives et créatives; elles recèlent d'infinis potentiels de diversité qui ne demandent qu'à être exploités. Chacun de leurs membres possède les capacités pouvant lui permettre d'être un « *solution finder* », une expression chère à Robert Reich, l'actuel secrétaire d'État au Travail de Bill Clinton. Pour Gregory Schmid, il ne fait pas l'ombre d'un doute que les organisations qui réussiront à tirer leur épingle du jeu au cours des prochaines années seront celles qui s'appuieront sur ces phénomènes sociologiques propres à l'Amérique du Nord.

La nouvelle concurrence

Aux chocs politiques et sociologiques s'ajoute bien sûr le tremblement de terre géo-économique. Sa puissante onde de choc se fait ressentir chaque jour davantage depuis la signature de l'Accord général sur les tarifs douaniers et le commerce intervenue en 1947. La concurrence internationale va s'accélérant. Depuis le début des années 70, le volume du commerce international des biens et services croît même plus rapidement que la production mondiale. De plus, la mondialisation des marchés est devenue une réalité incontournable, tout à la fois tangible et complexe. « Nous nous retrouvons dans un monde où nous sommes entourés de produits étrangers, dont plusieurs sont produits localement mais par des usines appartenant à des intérêts étrangers ou financées de l'étranger, ou à partir d'idées étrangères », constate Gregory Schmid (Groupe Innovation, 1993, p. 48).

En 10 ans, la part des pays en voie de développement dans la production mondiale est passée de 18 à 34 %.

Des pays restés longtemps sous-industrialisés offrent aujourd'hui une vive concurrence aux entreprises du continent nord-américain. En 1951, 6 % des produits américains étaient exposés à la compétition étrangère. « Aujourd'hui, c'est 75 % », révèle Warren Bennis. En 10 ans, la part des pays en voie de développement dans la production mondiale est passée de 18 à 34 %. Cette redistribution des cartes, surtout attribuable aux pays asiatiques, ne s'est toutefois pas accompagnée d'une égale répartition de la richesse entre les nations. Celle-ci demeure en effet tragiquement inéquitable pour la majeure partie des citoyens de la planète. Cependant la mondialisation des échanges menace aujourd'hui de prendre un nouveau virage. Les pays à bas salaires d'Asie, d'Amérique du Sud et d'ailleurs n'exporteront plus bientôt surtout des vêtements, des chaussures ou des jouets, mais de plus en plus ce que plusieurs experts ont longtemps cru être l'apanage de l'Occident : des produits et services à très forte valeur ajoutée.

De nouveaux concurrents fourbissent les armes de leur développement économique. Quatre ans après les événements de la place Tiananmen, et bien qu'encore officiellement communiste, la Chine vit présentement une profonde conversion qui pourrait bien en faire, selon la Banque mondiale, la première puissance économique du monde d'ici 25 ans ! La Chine figure d'ores et déjà dans le club sélect des 10 plus grands exportateurs de la planète. Un capitalisme souvent qualifié de sauvage se développe à train d'enfer le long de ses côtes méridionales, de Shanghaï à Canton. Mais un nouveau marché qui se développe, c'est aussi un nouveau marché qui s'ouvre, fait remarquer Michael Y. Yoshino, professeur en Business Administration et directeur de la recherche au Havard Business School (Groupe Innovation, 1993, p. 58). Avec une population de 1,2 milliard d'habitants, la Chine, lorsqu'elle se sera développée, deviendra « un marché majeur pour tous les produits et services inimaginables ». Les rapports de force mondiaux s'inverseront-ils à terme en faveur de l'Asie-Pacifique, qui jouit d'un taux de croissance à faire pâlir d'envie l'Occident ?

Selon le Rand Institute (*Ibid.*, p. 80), les pays de l'Asie du Pacifique connaîtront durant les années 90 une croissance économique plus rapide que l'Europe et l'Amérique du Nord. À l'heure actuelle, le produit national brut global de cette région représente plus de 20 % du produit mondial, soit légèrement moins que la part comparable des États-Unis (environ 23 %) et que la part de la Communauté européenne (28 % approximativement). Les projections de l'Institut indiquent également que, de tous les pays de la région, c'est la Chine qui connaîtra la plus forte croissance économique avec quelque 6 % d'augmentation par année. Après une décennie de prospérité sans égale sur la planète, le Japon devrait quant à lui fermer la marche avec une croissance se situant entre 2 et 2,5 %. Pour leur part, la Corée du Sud, Taïwan, Hong Kong, l'Indonésie, la Thaïlande, Singapour et la Malaisie devraient se situer entre les deux.

La région de l'Asie du Pacifique est doucement en train de former une plaque tournante majeure de l'économie, des finances et de la technologie mondiales, constate Michael Y. Yoshino. Il rappelle également que le Japon s'est hissé au rang de deuxième puissance industrielle et financière du monde derrière les États-Unis en moins de 20 ans. Mais il n'y a pas que l'Asie qui franchit des pas économiques de géant. Le chemin parcouru par le Mexique depuis 1986 est tout aussi remarquable, souligne Warren Bennis.

Le grand choc géotechnologique

Les technologies de l'information ont révolutionné les vies de chacun d'entre nous. Elles ont rapetissé le monde, transformant la planète en un immense « village global ». Désormais, les idées et les informations voyagent librement à la vitesse de la lumière. Devant leurs écrans, les citoyens peuvent assister en direct à n'importe quel événement se déroulant en n'importe quel point du globe. Pour le meilleur et pour le pire, constate Hervé Sérieyx, la « société CNN » est parmi nous. Dans cette société, les colleurs d'affiches politiques en savent autant que n'importe quel chef de parti. Ils s'abreuvent aux mêmes informations. « On sait tous a peu près la même chose. On n'a pas plus de perspectives quand on est grand que quand on est petit. » Les colleurs d'affiches en savent tout autant et ont, comme tout le monde, de moins en moins envie de marcher au pas.

Désormais, les idées et les informations voyagent librement à la vitesse de la lumière.

En outre, les technologies de l'information permettent aux capitaux de circuler instantanément et sans la moindre contrainte à travers n'importe quel point de la planète, du dernier étage d'un gratte-ciel de Mexico jusque dans les hauteurs du Tibet. Elles ont contribué à la dématérialisation des échanges. D'année en année, le commerce international des services gagne des points sur celui des biens. Un peu partout dans le monde, et singulièrement en Occident, les progrès technologiques continuent d'être massivement adoptés par les entreprises. L'automatisation et la robotisation de l'outillage industriel ont largement contribué à accroître la productivité des fonctions de production des entreprises. Plusieurs d'entre elles ont permis l'élimination de bon nombre de tâches monotones, dangereuses et aliénantes. Mais cette course vers le « tout technologique » a aussi son revers, elle a, par exemple, lourdement contribué à l'aggravation du chômage. Les évolutions technologiques sont aussi imprévisibles que fulgurantes.

On voit aujourd'hui apparaître de nouvelles générations de robots dotés de la vue et du toucher; plutôt que de perfectionner les chaînes, on s'oriente vers des systèmes de fabrication intégrés; on créé de nouveaux types d'équipements relevant de la « mécatronique », discipline nouvelle dans laquelle se combinent l'électronique et les techniques mécaniques de pointe. Ces progrès

envahissent rapidement tous les secteurs de l'économie et constituent le fondement de la société post-industrielle. (Questions de survie du Club de Rome, p. 48)

À l'introduction de nouveaux outils de travail dans les organisations a aussi correspondu l'adoption de nouvelles structures organisationnelles. C'est d'ailleurs en partie grâce à ces technologies que de nombreuses expériences novatrices en matière d'organisation du travail et d'utilisation de travailleurs polyvalents ont pu être accomplies, souligne Gregory Schmid (Groupe Innovation, 1993, p. 51). Mais ces expériences ne sont pas encore à la hauteur des possibilités défrichées par ce monde de l'instantanéité. « En l'espace de 15 ans seulement, nous sommes passés des ordinateurs centraux aux micro-ordinateurs », constate Hervé Sérieyx. Une étape ayant permis aux informations de voyager du sommet de la pyramide hiérarchique à sa périphérie : aux ouvriers, aux employés, aux vendeurs, etc. Malheureusement, les organisations « n'ont pas encore accompagné cette extraordinaire distribution d'information d'un égal pouvoir de s'en servir ». L'information est virtuellement en réseau, mais le pouvoir de s'en servir est demeuré prisonnier du carcan pyramidal.

Or, demande un Hervé Sérieyx un tantinet médusé, à quoi sert à une agence bancaire située à Chicoutimi de savoir comment évoluent les engagements de sa maison mère montréalaise en temps réel si elle doit téléphoner dans la métropole pour demander la permission d'accorder un découvert au garagiste installé de l'autre côté de la rue ?

Bien qu'ils soient au service des entreprises américaines depuis 20 ans, l'informatique et les communications commencent à peine à générer quelques gains de productivité chez les cols blancs, remarque Gregory Schmid (*Ibid.*, p. 51). En fait, il semble que cette productivité accrue soit attribuable à des mises à pied intervenues chez les cadres intermédiaires. Depuis mars 1991, le nombre de cols blancs américains au chômage est passé de 2,8 millions à plus de 3,4 millions (*Le Devoir*, 28 juin 1993).

Hervé Sérieyx désire mettre les points sur les i. « Jamais plus qu'aujourd'hui, soutient-il, les organisations n'ont dû leur survie future à la nécessité de donner à tous les employés le pouvoir de se servir des informations désormais accessibles. » Ivor K. Davies, expert en psychologie industrielle, opine dans le même sens. Il affirme que ce n'est que lorsqu'ils auront le droit de s'exprimer et de prendre des décisions que les employés « se consacreront vraiment à la réalisation de la vision et de la mission de leur entreprise » (*Ibid.*, p. 110).

Deuxième partie

Ce qu'il faut désormais mettre en avant

Chapitre 3

Les idées de demain

Boeing et spaghetti...

> La révolution de l'information, la mondialisation des économies, la multiplication depuis moins de cinq ans des faits déstabilisateurs de certitudes, l'effondrement des grandes idéologies, l'avènement de cette société « CNN » qui nous transforme en un immense village planétaire, [voilà] autant de chocs qui ont bouleversé les données du jeu et rendu brusquement inadéquates les organisations d'hier. (Sérieyx, 1993, p. 14)

Puisque les solutions d'hier n'opèrent plus, l'adaptation à l'environnement contemporain requiert de toute urgence la mise en place de structures organisationnelles novatrices. Celles-ci doivent viser la mise en œuvre d'expériences audacieuses permettant une utilisation plus souple et plus intelligente de l'ensemble des ressources humaines, affirment les conférenciers. Qu'un univers disparaisse au profit d'un autre place les organisations dans une situation pour le moins précaire, admet toutefois volontiers Ivor K. Davies. Les capitaines, dit-il, doivent barrer leur navire au milieu « d'un épais brouillard ». « Il doivent composer avec les contraintes d'un monde qui sombre et celles qui accompagnent celui qui émerge. » Cela, croit-il, laisse aux organisations un, deux ou trois ans pour réagir, pas plus. C'est court pour se caler dans les aspérités de l'époque. Mais la dernière chose à faire serait d'attendre stoïquement qu'un organisme international quelconque décrète officiellement la fin de l'ère du capitalisme industriel et l'avènement de l'ère de l'information pour agir !

L'organisation nouvelle ne pourra naître que si de nouvelles manières de penser, d'être soi-même et d'être ensemble émergent.

Or, l'organisation nouvelle ne pourra naître que si de nouvelles manières de penser, d'être soi-même et d'être ensemble émergent. Avant de « faire », il faut préalablement « être », fait valoir Hervé Sérieyx. Les modes d'organisation, rappelle-t-il, ne sont jamais rien d'autre que la fidèle traduction « de notre conception du monde, de nous-mêmes et de nos rapports individuels ». Le choc paradigmatique, c'est le regard qui change, explique-t-il. Ou plutôt qui doit changer, qui doit s'adapter au nouveau monde qui nous entoure. « Quand l'environnement change, il faut changer de paradigme. »

Selon Michel Crozier (1989, p. 20), les changements tous azimuts exigent de l'institution une « véritable révolution conceptuelle », c'est-à-dire tout autre chose que la création d'une nouvelle rhétorique. Du sommet de la hiérarchie traditionnelle jusqu'aux employés postés aux premières lignes de feu, la façon de penser et d'appréhender les choses doit se métamorphoser. Ce n'est qu'à cette seule et unique condition que les organisations pourront réussir dans ce monde en mutation rapide.

De l'avis de William J. O'Brien, les organisations occidentales, conçues au temps de la croissance assurée, ont été pensées pour gérer du compliqué et de l'ordre. « Elles ont été capables de résoudre les problèmes scientifiques qu'elles rencontraient. Le problème est que ces organisations orthodoxes sont incapables d'apporter des réponses satisfaisantes à des problèmes complexes. » Or, de compliqué qu'il était, l'environnement est devenu complexe. Complexe et totalement imprédictible.

La différence entre compliqué et complexe peut paraître subtile, convient Hervé Sérieyx. Elle n'en est pas moins fondamentale. Selon lui, les réalités que ces deux mots recoupent sont aussi éloignées l'une de l'autre que peut l'être un Boeing 747 d'un plat de spaghetti ! « Démontez le Boeing et vous vous retrouverez avec 35 000 composantes. Par une pensée systématique et de la persévérance, il vous sera toujours possible de le reconstruire et d'arriver au même résultat. Car le boeing est réductible à l'analyse. Il n'y a pas d'incertitude dans la construction d'un Boeing. » Dans un plat de spaghetti, en revanche, le convive, fourchette en main, aura beau répéter indéfiniment la même torsion du poignet, il est peu probable qu'il parvienne jamais à soulever la même quantité de spaghetti ! « Il y a dans les spaghetti une logique du chaos non prédictible. » Comme dans le monde d'aujourd'hui, les informations, les rétro-informations, les forces et les contre-forces, s'interinfluencent dans une inextricable interdépendance imprédictible, analyse Hervé Sérieyx. « Nous vivons dans un monde de spaghetti. Ce nouveau monde commande une révolution des esprits. » Une révolution mentale doit se produire, laquelle remettra en cause nos vieilles habitudes.

Le 2 décembre 1991, les propos tenus par le ministre de l'Industrie, du Commerce et de la Technologie (MICT), Gérald Tremblay, lors de sa conférence de presse annuelle, allaient dans le même sens : il en appelait à un virage majeur. Les projections informatisées du MICT tablaient alors sur la création de 328 000 emplois d'ici l'an 2000 au Québec. Un gain à peine suffisant pour ébranler le taux de chômage, lequel se situerait alors à au moins 11 %. Une situation « inacceptable », reconnut le ministre. « D'autant plus, expliqua-t-il, qu'elle engendre des coûts sociaux très élevés et ne permet pas de rétablir l'équilibre des finances publiques. » À son avis, pour que le taux de chômage ne soit plus que de 7 % en l'an 2000, il faudrait créer 550 000 emplois.

Pour sa part, le père de la stratégie québécoise des grappes industrielles – une stratégie inspirée des travaux de Michael Porter de Harvard et misant sur l'interaction entre entreprises évoluant dans un même secteur d'activité – concluait son allocution en affirmant que « des changements d'attitude et de mentalité ainsi qu'une nouvelle direction s'imposent pour créer, d'ici l'an 2000, les 200 000 emplois additionnels qui assureront l'édification d'une société plus juste et plus prospère ».

Nouvelle direction, changement d'attitude et changement de mentalité...

La pensée complexe

Le monde du travail dans lequel nous vivons est issu de la pensée mécaniste, une vision du monde qui remonte à plusieurs siècles, lorsque à la fin du Moyen Âge l'horlogerie et l'imprimerie furent inventées. Cette dernière invention, capitale dans l'évolution, mit plus de 50 ans à s'imposer. Elle fit naître dans nos sociétés une conception de la production qui allait reléguer l'artisan dans une charrette de l'histoire. Mais qui, en même temps, annonçait, par la division des tâches qu'elle permit, la production de masse. Cette pensée mécaniste, qui engendra de formidables avancées au plan du développement social et économique, a trouvé son aboutissement dans le taylorisme et son organisation scientifique et rationnelle du travail. Naguère, rappelle Hervé Sérieyx, « la bonne organisation était celle qui dans son fonctionnement référait à la mécanique. Elle s'appuyait sur ses différents services fonctionnant comme autant de courroies de transmission ».

Face à la complexité et la totale imprédictibilité des choses, les organisations du futur devront s'appuyer sur de nouvelles références, car, bien que apte à répondre au monde compliqué, la pensée mécaniste est impuissante à répondre aux défis posés par la complexité des choses. « La bonne organisation d'aujourd'hui et de demain sera celle qui référera au monde du vivant et à la biologie, estime Hervé Sérieyx. Ne parle-t-on pas de plus en plus d'entreprises polycellulaires ? Au Québec, le concept de grappes industrielles ne renvoie-t-il pas lui aussi au monde du vivant ? » Les dictionnaires définissent l'organisation comme « l'état d'un corps » ou « un être organisé », c'est-à-dire un système vivant et complexe.

Citant Jean-René Fourtou, président de Rhône-Poulenc, Hervé Sérieyx affirme que « organiser ce n'est plus mettre de l'ordre, c'est créer et entretenir de la vie ». Il invite les organisations à renouer avec « la globalité » de l'être humain. La gestion scientifique du travail, selon lui, doit céder le pas à un nouveau « souffle de vie », par définition incommensurablement plus dynamique. Ainsi, à partir du moment où les organisations pénètrent de plain-pied dans un univers complexe, « elles doivent avoir le courage d'adopter un mode de pensée complexe, car on ne peut plus affronter du mou-flou (l'environnement actuel) avec du dur-sûr (les organisations traditionnelles) ». Selon Sérieyx, la pire des réponses à apporter au monde complexe serait, par exemple, d'ajouter des branches à un organigramme déjà fort encombré ou de multiplier les contrôles.

Pour sa part, Michel Crozier (1989, p. 45) soutient que « la réflexion sur l'organisation ne peut plus être une réflexion logique a priori sur la meilleure façon rationnelle, scientifique, d'organiser le travail, d'allouer les ressources et même de hiérarchiser les pouvoirs et de les contrôler ». Ce doit être « une réflexion sur la capacité des groupes humains à coopérer dans des systèmes beaucoup plus complexes et sur les meilleurs moyens de développer et d'utiliser cette capacité ». De plus, selon lui, le problème des organisations est de nature sociologique. « Pour qu'une nouvelle logique prenne corps, poursuit-il, il faut [ainsi] qu'elle s'incarne dans de nouveaux rapports humains au sein d'un système d'organisation qui obéit à d'autres principes. » Les principes auxquels réfère Michel Crozier (1989, p. 43) sont de même nature que ceux synthétisés par Hervé Sérieyx au cours de ses travaux.

C'est chez le mathématicien Prigogine, le sociologue Edgar Morin, le biologiste Albert Jacquard et l'astrophysicien Hubert Reeves que le vice-président de l'Institut européen du leadership a puisé l'inspiration qui lui a permis de rédiger *Le Big Bang des organisations*, un titre « qui renvoie à la « soupe initiale » d'il y a 15 milliards d'années, quand un milieu amorphe, homogène, monotone a brutalement amorcé son expansion, son refroidissement et l'élaboration de formes de plus en plus complexes jusqu'à produire ce que nous sommes aujourd'hui » (Sérieyx, 1993, p. 14). Il a découvert chez ces hommes de science cinq principes qui, depuis l'origine du monde, organisent et structurent la vie; cinq principes qui président à l'organisation, l'évolution et l'adaptation; cinq principes pouvant selon lui permettre de mieux appréhender ce nouveau monde imprévisible fait d'interactions perpétuelles. La pensée complexe se situe aux antipodes de la pensée scientifico-rationnelle « qui, elle, sépare et exclut ». Si elle n'a pas la prétention de fournir de recettes miracles, elle peut toutefois aider les organisations à construire des stratégies permettant d'aborder le monde contemporain sans le « saucissonner ». À sa façon, elle trace de nouvelles voies de recomposition; aux organisations de les emprunter à leur manière.

Les cinq principes auxquels nous faisions référence ci-dessus sont l'autonomie (ou l'auto-organisation), la cohérence, l'ouverture, la contradiction et la récursivité.

Un principe fondamental : l'autonomie

Depuis le big bang d'il y a environ 15 milliards d'années, les différentes formes de vie qui sont parvenues à survivre au milieu d'un environnement externe plus complexe, qu'elles aient été chimiques, biologiques, humaines ou sociales, ont toujours été celles qui ont été capables de générer en leur propre sein une complexité au moins égale à celle de leur nouvel environnement. « À un monde complexe, les organisations doivent elles aussi répondre par un surcroît de complexité. Elles doivent générer plus de complexité en leur sein », affirme Hervé Sérieyx. En devenant moins compliquée mais plus complexe, l'organisation accroît sa souplesse d'adaptation. Elle multiplie sa capacité de réponse à un monde mouvant. Surtout, elle multiplie sa capacité d'auto-organisation perpétuelle. « L'entreprise complexe trouve d'autant mieux l'organisation la plus adéquate pour traiter les problèmes qu'elle affronte, que les

En devenant moins compliquée mais plus complexe, l'organisation accroît sa capacité d'auto-organisation perpétuelle.

acteurs disposent de marges de liberté pour s'ajuster, s'auto-organiser, réguler entre eux les contradictions qu'ils rencontrent dans leur vie professionnelle. » (Sérieyx, 1993, p. 217)

Les organisations doivent donc créer en leur sein une myriade d'autres organisations plus autonomes et plus libres. « L'auto-organisation à l'interne c'est ce vers quoi IBM tend », rappelle Hervé Sérieyx, selon qui l'auto-organisation doit prendre appui sur l'intelligence des différentes parties constituantes de l'organisation. « L'auto-organisation passe par le pouvoir que les dirigeants donnent aux autres », c'est-à-dire à tous ceux qui, postés sur la ligne de feu, sont les mieux placés pour répondre et réagir promptement aux besoins des clients et des marchés. Les concepts liés à l'auto-organisation sont la mise en réseau, grâce à laquelle il est possible de travailler à plusieurs sans être séparés par les cloisons des services et les niveaux hiérarchiques, et la simplicité. Ce sont aussi le fonctionnement transversal, la responsabilisation, la confiance, la transparence et l'exemplarité. (*Ibid.*, p. 220).

Générer plus de complexité, c'est réduire le nombre de niveaux hiérarchiques. C'est aussi éliminer le maximum de procédures et de normes, de manière à libérer les talents et la créativité des individus. Normes et procédures minent la souplesse d'exécution de l'organisation. « Lorsque les individus trouvent librement leur compte, ils créent tout naturellement l'organisation la plus souple, la plus adaptée, la plus rapidement applicable à leur environnement », affirme Hervé Sérieyx. Les individus peuvent ainsi réagir rapidement aux informations et signaux multiples et contradictoires qu'ils reçoivent de partout. Un caporal, note-t-il, a de la difficulté à faire marcher son bataillon au pas. Par contre, à l'issue d'un spectacle, si les spectateurs présents ont apprécié la prestation du concertiste, ils applaudissent en cadence. « Ils le font parce qu'ils l'ont voulu. Et non pas parce qu'on les y a contraints. »

La notion d'autonomie suppose donc la fin des contrôles tatillons et improductifs.

La notion d'autonomie suppose donc la fin des contrôles tatillons et improductifs. Ces contrôles sont des étouffoirs. Ils réduisent la marge de manœuvre des employés (cadres ou travailleurs), ne laissant de place qu'à l'obéissance et la rectitude. Comme toutes les organisations, l'État doit lui aussi miser sur l'intelligence des ressources qu'il emploie. À l'instar des usagers, les fonctionnaires revendiquent davantage de considération et « souffrent de la complexité et de la rigidité des règles et des procédures administratives, rappelle Michel Rocard. Il est grand temps de simplifier et d'assouplir tout cela ». Les États et leurs administrations (Groupe Innovation, 1993, p. 44) doivent tendre vers une logique de la liberté.

> **Cette idée réclame que les fonctionnaires puissent exprimer leur sens de l'initiative et de la responsabilité. Autant dire qu'il faut rompre une fois pour toutes avec un style de commandement, une conception de la hiérarchie, directement hérités du siècle dernier. Aujourd'hui, ajoute l'ex-Premier ministre, le métier de fonctionnaire, ce n'est pas seulement d'obéir, c'est aussi de prendre des initiatives.**

Cette invitation à la liberté et à l'autonomie trouve un puissant écho chez Omar Aktouf (1989, p. 158) :

> **Tout système, en particulier vivant, qui n'admet que des façons limitées, codées, prescrites, rigides de s'exprimer et de répondre à l'environnement est un système condamné à mourir à plus ou moins brève échéance. Au contraire, tout système qui admet dans son organisation des possibilités de comportements différents, plus autonomes, plus variés, sera un système capable d'innovation, de créativité et d'adaptation.**

Lorsqu'elles parviennent à franchir toutes les barrières de contrôle, même les meilleures idées apparaissent obsolètes, tant elles ont été diluées en passant d'un niveau hiérarchique à l'autre. À quoi sert-il alors, se demandent les employés, de prendre une quelconque initiative ? C'est ainsi que de jour en jour, semaine après semaine, ils en arrivent à se démotiver. Analysant le parcours sans faute de l'entreprise française GSI, la Générale de Service Informatique, Michel Crozier (1989, p. 185) rapporte qu'aux yeux des dirigeants de cette société informatique, c'est justement l'entreprise qui démotive ses employés « par ses règles, par ses jugements impersonnels et arbitraires, par ses contrôles financiers ».

Dans leur ouvrage *La stratégie V.I.P*, Art McNeil et Jim Clemmer n'y vont pas de main morte. Pour eux, l'instauration de systèmes de contrôle peut même être apparenté à un symptôme de « démence managériale » (p. 63). « Il faut laisser les employés découvrir par eux-mêmes comment agir devant une situation nouvelle », soutient

Art McNeil. Quitte à ce que des erreurs soient parfois commises. N'apprend-on pas plus de ses propres expériences et expérimentations que par n'importe quel autre processus, souligne-t-il ? La plupart du temps, les innovations naissent d'expérimentations, de lents tâtonnements. L'autonomie individuelle devra toutefois avoir été balisée par l'instauration de valeurs communes. Les valeurs peuvent en effet adéquatement remplacer les règles rigides et étouffantes. Elles laissent les intéressés libres de leurs moyens. Elles permettent à tous, pour autant qu'ils interviennent en conformité avec les valeurs adoptées, d'avoir une marge de manœuvre suffisamment grande pour résoudre un problème quelconque sans en référer à une autorité supérieure. « Si la valeur à laquelle on doit référer est par exemple la confiance, les employés, du PDG jusqu'au manœuvre, s'interrogeront sur les actions à mettre en œuvre susceptibles de participer le mieux à l'atteinte de la valeur énoncée », assure Art McNeil.

Ivor K. Davies, pour sa part, fait remarquer qu'afin de cimenter la carapace de cette forme vivante qu'est l'organisation, il convient, « en cette période de transition entre deux mondes », que tous ses membres s'unissent autour de valeurs communes. « Les valeurs sont le “mélange de carburant” qui fait fonctionner ensemble la machine organisationnelle et la machine humaine. » Elles forment « le ciment qui unit les individus et les aide à mieux faire face aux défis. » (Groupe Innovation, 1993, p. 110).

Dans les organisations autocratiques et paternalistes, ces valeurs communes n'étaient pas utiles. Elles risquaient de causer des ravages et de mener à l'affrontement. Mais dans des situations où il faut donner du pouvoir aux employés [...], les valeurs communes constituent la plateforme sur laquelle asseoir la philosophie de l'entreprise.

Si l'on ne peut plus gouverner par les règles ou par les ordres, la seule façon de maintenir le minimum de contraintes indispensables à la coordination des efforts, c'est de s'appuyer sur la culture que sécrète tout groupe humain ayant une communauté d'objectifs. (Crozier, 1989, p. 52)

Selon cet auteur, à l'imposition de règles rigides et quelquefois dépourvues de fondements, le management moderne doit privilégier l'organisation des relations internes et externes.

La cohérence

Depuis que le monde est monde, les formes vivantes ayant réussi à survivre plus longtemps que d'autres ont toujours été celles qui ont été capables de générer une complexité plus grande en leur sein mais qui, de façon concomitante, ont réussi à conserver une cohérence d'action.

Selon Hervé Sérieyx, miser sur des femmes et des hommes libres dans les organisations n'est possible que s'il existe de la cohérence et du sens à l'interne. « La cohérence et le sens sont des préalables à la libération des talents qu'apporte l'autonomie. » Pour Art McNeil, rien n'est plus faux que de prétendre que les individus rechignent à travailler. Ils sont prêts à s'investir dans n'importe quelle tâche pour autant qu'ils puissent la situer dans un grand tout qui a du sens. Être spirituel, l'être humain est de plus en plus en quête de sens. Il désire s'inscrire et inscrire ses gestes et actions quotidiennes dans un projet global. Toutes les parties prenantes de l'organisation s'auto-organiseront donc d'autant plus efficacement que chacune connaîtra et comprendra mieux les finalités et les valeurs de l'entreprise – et qu'elles les partageront, explique encore Hervé Sérieyx.

Lorsque l'on passe de la civilisation du geste à la civilisation de l'intelligence, on ne peut plus se passer de sens. L'intelligence, on la meut dans une direction. Les employés doivent ainsi savoir où l'on va et pourquoi on y va. Les gens doivent connaître les raisons pour lesquelles on fait telle ou telle chose.

Il appartiendra, par exemple, à l'équipe dirigeante de rappeler régulièrement à chacun ce qui est important, les objectifs qui doivent être atteints ainsi que la mission première des uns et des autres, explique Warren Bennis. Faute de quoi le « surperflu » en viendra à occuper tout l'espace et l'organisation deviendra moribonde. La bureaucratie, poursuit-il, s'installe dès lors que les employés en viennent à ignorer ce pourquoi ils sont là. Alors, leur mission disparaît au profit de tâches périphériques n'apportant souvent rien d'autre qu'une perte de temps et d'argent. Un « gaspillage » dont les consommateurs ne veulent plus faire les frais et qui n'a plus aucun sens à l'heure de la qualité totale.

La bureaucratie s'installe dès lors que les employés en viennent à ignorer ce pourquoi ils sont là.

L'ouverture

Selon Hervé Sérieyx, les organisations ne peuvent survivre que si elles respirent avec l'environnement; elles ne peuvent pas vivre repliées sur elles-mêmes. « L'ouverture sur les autres, sur les employés, les clients, les fournisseurs, les actionnaires et bien d'autres acteurs externes à l'entreprise est capitale. » Leur développement harmonieux en dépend. « Les organisations doivent aller s'enrichir au contact de leur environnement », affirme-t-il. Ce n'est qu'en se nourrissant quotidiennement de leurs échanges avec l'environnement externe qu'elles peuvent progresser, jamais lorsqu'elles se contentent d'évoluer dans une béate autarcie. L'innovation n'est possible que si l'organisation est ouverte aux changements. Toutefois, afin d'être réel, cet enrichissement doit cependant être symétrique, bidirectionnel. Une entreprise ne peut espérer s'enrichir au contact de son environnement que si celui-ci s'enrichit à son tour du sien, car « une entreprise ne peut être compétitive que si son environnement l'est aussi ». Aussi est-il dans son intérêt de contribuer à l'enrichir en tant qu'entreprise résolument citoyenne d'une société.

C'est, par exemple, le pari que fit l'aluminerie Lauralco lorsqu'elle choisit à la fin des années 80 de s'établir à Deschambault, un village situé sur la rive nord du Saint-Laurent entre Trois-Rivières et Québec. Afin de participer à l'enrichissent d'un environnement immédiat durement affecté par le chômage, Lauralco fit littéralement des pieds et des mains pour embaucher des gens de ce comté agricole, plutôt que de recruter des Montréalais à qui elle aurait dû par la suite payer une partie des frais de déménagement. Pour ce faire, elle a établi un maillage très serré avec la Commission scolaire de Portneuf. Cette dernière s'est chargée, en collaboration avec l'aluminerie du géant mondial Alumax, d'offrir toutes les formations inimaginables aux candidats intéressés, parmi lesquels de très nombreux chômeurs. Les formations étaient d'autant plus nécessaires que l'employeur avait décidé d'opérer avec une structure totalement décentralisée reposant sur des équipes de travail nanties de toutes les prérogatives possibles. Sa pyramide hiérarchique est réduite à sa plus simple expression et les flux y cheminent de bas en haut. Grâce à ce partenaire externe, Lauralco peut aujourd'hui se targuer d'avoir atteint et même dépassé ses espérances concernant l'embauche locale : 70 % des 500 employés de l'aluminerie proviennent en effet de la région de Portneuf et 90 % y habitent !

Selon François Perdrizet, directeur départemental de l'Équipement de la Moselle, pour répondre à la complexité des équations à résoudre, chacun doit non seulement savoir forger son maillon, mais aussi se préoccuper des maillons voisins. « Ainsi, nous deviendrons une chaîne aussi forte que notre plus puissant maillon. » (Groupe Innovation, 1993, p. 103) Abondant dans le même sens, Hervé Sérieyx (1993, p. 222) tient les propos suivants :

> [...] toute organisation (ville, entreprise, administration) qui veut progresser doit respirer, coévoluer avec son environnement en ménageant des dispositifs de veille, en faisant de chacun de ses acteurs un « guetteur »; établir des maillages avec ses environnements : alliances stratégiques avec d'autres entreprises, d'autres villes, d'autres administrations, réseaux d'intelligence avec des universités, des centres d'excellence technologique, des bases de données, etc.; ratisser sans cesse toutes les innovations spontanées qui ont pu émerger ici ou là en son propre sein ou dans ses réseaux externes pour une fertilisation mutuelle.

L'entreprise proposant un nouveau produit, lorsque celui-ci est adopté par le public consommateur, possède généralement une avance sur ses concurrents immédiats et lointains qui lui confère un indéniable avantage compétitif. Il est donc essentiel pour elle d'être au parfum de toutes les innovations en cours de développement dans les centres de recherche ou ailleurs. Pour autant, bien sûr, qu'elle parvienne ensuite à traduire les recherches fondamentales menées ailleurs en biens ou services commercialisables... Coévoluer avec son environnement, ce peut être aussi s'engager à acheter les composants de tel ou tel fournisseur ou équipementier sur un long terme. En échange de quoi, ce partenaire s'engagera à respecter les spécifications exigées par le donneur d'ordres. L'ouverture, c'est aussi l'ouverture aux autres à l'interne. Tom Peters considère ainsi que les « *outsiders* » sont essentiels au succès d'une équipe performante. Selon lui, il est impossible de penser pouvoir « faire autrement » en ne s'appuyant que sur des gens partageant sa propre culture et son propre point de vue. Une conviction qui lui fait dire que « si vous en trouvez un (*outsider*), suppliez-le de se joindre à vous » !

Les « outsiders » sont essentiels.

« Écoute, dialogue, accueil et mise en valeur des idées d'autrui », voilà, selon François Perdrizet, ce que doit viser l'organisation d'aujourd'hui (Groupe Innovation, 1993, p. 102).

La contradiction

Le principe « des contradictions motrices » est probablement l'un des plus difficiles à assimiler pour nos esprits cartésiens. Pour Edgar Morin, qui les appelle les « dialogiques », les contradictions motrices sont nées du constat que la vie marie à la fois l'ordre et le désordre. « Pour affronter un monde qui bouge, les organisations doivent elles aussi accepter l'ordre et le désordre », soutient Hervé Sérieyx. En d'autres mots, « le management de demain devra apprendre à vivre à l'aise avec des éléments paradoxaux. Les organisations devront être capables de vivre avec le contradictoire ». Elles devront apprendre à vivre avec la contradiction existant entre la pyramide à l'endroit (fonctionnant par délégation de pouvoirs) et la pyramide inversée (fondée sur le principe de subsidiarité). Elles devront de plus apprendre à composer avec le long terme et le court terme; avec des organigrammes verticaux et le fonctionnement transversal; avec une structure centralisée et la décentralisation; et enfin, avec la stabilité et le mouvement incessant. Avec la nécessité d'avoir chez elles des gestionnaires qui maintiennent et des innovateurs qui remettent en cause.

Hervé Sérieyx n'ignore pas la difficulté qu'il y a à gérer les opposés : « C'est toujours difficile mais c'est à cette seule condition qu'une organisation pourra parvenir à se développer sans exploser ». Le gestionnaire et l'innovateur, donne-t-il en guise d'exemple, concourent tous deux à la survie de l'un et de l'autre et, par-delà, à celle de l'organisation. Que l'un des deux disparaisse et l'organisation ne tardera pas à péricliter. « Toute organisation qui désire aller de l'avant doit pouvoir non seulement accepter le déséquilibre et le désordre mais l'encourager. Les oppositions sont créatrices », professe-t-il. Elles provoquent des révolutions permanentes. D'ailleurs, « une innovation n'est jamais qu'une délinquance qui a réussi ». Les contradictions et les dilemmes seront partout et de plus en plus présents. Comme des funambules, les organisations devront apprendre à avancer sur un mince fil de fer. Elles devront décentraliser leurs structures et leurs pouvoirs sans démobiliser l'ensemble de leurs parties constituantes, encourager les initiatives décentralisées tout en s'assurant d'un contrôle efficient de la qualité, développer la flexibilité sans fragmenter à outrance, opérer par des modes d'organisation davantage *ad hoc* sans perdre la nécessaire cohésion de l'organisation.

Charles Hampden-Turner, qui a conseillé plusieurs entreprises au cours de sa carrière, dont Shell et Apple Computers, estime que toutes les organisations souhaitant produire de la richesse ou créer de la valeur ajoutée doivent « unir » des éléments opposés. Tous les produits et services, même les plus simples, sont en effet le résultat de la capacité qu'a l'organisation de réussir des combinaisons

Les organisations souhaitant produire de la richesse ou créer de la valeur ajoutée doivent « unir » des éléments opposés.

contradictoires, soutient-il (Groupe Innovation, p. 54, 55) (voir aussi tableau 8). Ces combinaisons contradictoires ont trait à l'établissement de règles et à la découverte d'exceptions, à la fusion d'analyses de plus en plus détaillées, à la gestion de collectivités et d'individus, à « l'intériorisation » du monde extérieur, à la synchronisation de processus plus rapides, à la sélection d'individus parmi les employés performants ainsi qu'à la possibilité d'accorder à tous des chances égales d'atteindre l'excellence. Rassurons-nous cependant : « Le degré d'une civilisation, disait l'écrivain Paul Valéry, se mesure au nombre des contradictions qu'elle accumule ».

TABLEAU 8
Sept façons de créer de la valeur ajoutée

1. Établir des règles, relever les exceptions.
2. Élaborer des stratégies à partir d'analyses plus détaillées.
3. Intégrer les individus à l'organisation.
4. Tirer parti des événements extérieurs.
5. Synchroniser des processus de plus en plus rapides.
6. Faire une sélection parmi les employés les plus performants.
7. Accorder à tous des chances égales de s'améliorer.

La récursivité

Le principe de la récursivité est certainement le plus abstrait des cinq principes de la pensée complexe. Jour après jour, les hommes et les femmes quittent leur travail différents de ce qu'ils étaient quelques heures plus tôt. « Au cours de la journée, sans que cela paraisse trop, ils auront renforcé ou diminué leurs compétences, leur entrain ou leur désir de contribution. Durant leurs huit heures de travail, ils auront contribué à corriger des pratiques erronées, parce qu'on leur aura permis de le faire, où alors ils s'y seront habitués. » La récursivité est cette idée selon laquelle les causes et les effets « se téléscopent » sans cesse les uns les autres. En produisant un effet, une cause se transforme à son tour, poursuit Hervé Sérieyx. Traduction : « Il faut que nous soyons très attentifs dans nos organisations à la fois à bien produire ce que nous voulons produire mais aussi à faire en sorte que nos modes d'organisations internes soient producteurs de femmes et d'hommes capables d'affronter des situations et des défis toujours plus complexes. » Et pas l'inverse comme c'est trop souvent le cas. Trop d'entreprises ont des structures organisationnelles « anthropophages », dénonce-t-il. Elles recrutent des jeunes aux yeux brillants et les rejettent à la rue quelques années plus tard les yeux éteints, fatigués, vidés.

Il est pourtant dans leur intérêt de s'appuyer sur des modes d'organisation qui fassent qu'en permanence, elles produisent leurs employés meilleurs qu'ils étaient la veille. Veillons ainsi à faire en sorte que l'organisation se produise finalement elle-même et en permanence meilleure chaque jour.

Prenons-y garde, insiste-t-il, car il existe des modes de rémunération qui sont anthropophages (consommateurs d'hommes et de femmes), d'autres qui sont anthropogènes (épanouissants et enrichissants). Tout comme il existe des modes de délégation qui sont anthropophages, d'autres qui sont anthropogènes.

Des femmes et des hommes

Il faut instaurer une organisation où le travail est important. Une organisation à l'intérieur de laquelle des employés autonomes et profondément différents les uns des autres forment une véritable communauté de sens et d'intérêts. Une organisation dans laquelle les hommes et les femmes se développent et s'épanouissent quotidiennement ! Une utopie ? Non. Une nécessité.

Dans un système « quantitativiste » production de masse-consommation de masse, la ressource humaine est appréciée uniquement du point de vue du nombre et de son adaptabilité à la logique productiviste [...] Dans un système haute technologie-services, les relations se renversent, car la ressource humaine devient la ressource rare : la possession des matières premières, des techniques et même du capital ne sont intéressantes que dans la mesure où l'on peut les mettre en œuvre, c'est-à-dire, en fait, dans la mesure où l'on dispose des ressources humaines qui le permettront (Crozier, 1989, p. 30).

À partir du moment où la qualité des produits, celle des services, la satisfaction des clients deviennent des éléments déterminants, la ressource humaine doit prévaloir sur toutes les autres. Ce sont les hommes et les femmes qui font la force des organisations. Ils sont le fondement de leur survie et de leur pérennité, affirment les conférenciers. « Ils couronnent de succès ou condamnent à l'échec les efforts de changement qu'ont pour mission d'implanter les responsables d'entreprises ou de ministères », affirme Gaétan Lussier, président des boulangeries Weston (Groupe Innovation, 1993, p. 86).

Si l'on veut que les gens soient plus efficaces, qu'ils soient plus productifs et plus responsables [poursuit l'ex-sous-ministre qui avant de joindre les rangs de Weston œuvra au sein des fonctions publiques fédérale et provinciale], il faut d'abord qu'ils se sentent bien dans leur entreprise ou leur service. (*Ibid.*, p. 87, 88)

Warren Bennis abonde dans le même sens lorsqu'il affirme que « l'amour de son travail constitue la force motrice des systèmes performants » (*Ibid.*, p. 72). Pour ce faire, l'organisation devra découvrir, ou redécouvrir, les valeurs et les motivations qui font vibrer à la fois le cœur et la raison, estime Gaétan Lussier, qui cite notamment la contribution au succès d'une équipe à laquelle chacun est fier d'appartenir et l'épanouissement personnel (*Ibid.*, p. 88).

N'est-ce pas d'ailleurs cette conviction que le travail devait être un lieu d'épanouissement individuel en même temps que de socialisation qui permit à William J. O'Brien de conduire Hanover Insurance jusque dans le peloton de tête des compagnies d'assurance ? « Au départ, se souvient-il, nous n'avions aucune idée préconçue. Nous voulions nous débarrasser des maux qui empoisonnaient les structures et les rendaient inaptes à satisfaire les gens. Cependant, nous avions certaines convictions concernant les être humains, comme dans toute organisation. » (*Ibid.*, p. 75) Des convictions qui allaient s'avérer déterminantes. En l'espace de quelques années, Hanover est en effet parvenu à de spectaculaires changements, tant sur les plans de la rentabilité et de la croissance que sur celui de la réputation. Quand il réfère au design des organisations modernes, William J. O'Brien, avoue penser à des « choses simples ». Chez Hanover, dit-il, « nous avons été guidés par notre désir de conjuguer le développement et l'épanouissement des individus – lesquels figurent au premier rang des aspirations des employés – aux performances économiques de l'entreprise ». Selon lui, le management continuera de courir après sa queue tant qu'il n'aura pas admis l'importance qu'il y a à répondre aux aspirations plus élevées des générations actuelles et montantes. En effet, le respect porté aux employés est un ingrédient primordial, selon Jim Clemmer et Art McNeil (1990, p. 177) :

> Quand on traite les gens comme s'ils n'avaient aucune importance, quand ils n'ont pas grand possibilité de collaborer, quand ils ont le sentiment de déranger, ils perdent tout intérêt au travail. Ils arrêtent d'essayer, et le rendement en souffre. Une personne démotivée peut en démotiver beaucoup d'autres. [...] Par contre, si vous traitez les membres de votre personnel comme si toute l'organisation dépendait d'eux, ils vous surprendront (et sans doute se surprendront eux-mêmes) en agissant comme si c'était vraiment le cas.

« Comme un boulet accroché aux pieds »

En raison de la complexité des équations à résoudre, de la totale imprévisibilité des choses, de la nécessité de passer de l'ordre à la vie, de la quantité à la qualité, des territoires au flux, jamais les organisations n'ont-elles autant eu besoin de l'engagement total des hommes et des femmes. Donner corps à une organisation fondée sur des principes de vie, ceux de la pensée complexe, implique nécessairement des renoncements, dont celui, fondamental, de « la tenace conception pyramidale des organisations ». En effet, la pyramide hiérarchisée est un frein au développement de l'organisation intelligente. « Elle est comme un boulet accroché aux pieds des organisations », prétend Art McNeil. Selon lui, une forte centralisation des décisions et des pouvoirs au sommet de la pyramide pouvait être efficace lorsque l'environnement des organisations était relativement stable et prévisible : ce n'est plus le cas.

Or, si ce modèle perdure encore, estime Omar Aktouf, de l'école des Hautes Études Commerciales de Montréal, c'est que sa disparition « implique beaucoup de renoncements dramatiques de la part de ceux qui ont aujourd'hui le rôle dominant dans les entreprises » (Groupe Innovation, 1993, p. 61). Les organisations doivent tendre vers « un contexte de respect, de partage et d'appropriation ». Ces valeurs, Omar Aktouf, qui est également membre du bureau directeur de l'International Standing Conference on Organizational Symbolism, ne les formule pas gratuitement.

Le respect renvoie à la nécessité de réhabiliter le travailleur dans sa dignité de personne. Les partages renvoient à la mise en place d'éléments concrets – vécus dans la vie de tous les jours au travail –, qui font que l'organisation devient un lieu de réelle convergence d'objectifs, d'intérêts.

Ces partages vont depuis le raccourcissement de l'échelle hiérarchique (et des salaires), la transparence et la redistribution d'une part des profits, jusqu'à la quasi-suppression de la majorité des privilèges et « droits » exclusifs que s'accordent généralement les dirigeants. Somme toute, il s'agit d'aller vers un contexte où l'employé a quelques raisons de faire plus ou moins sienne sa situation de travail. (Groupe Innovation, 1993, p. 64)

Peter Drucker, surnommé « le pape du management moderne » par ses pairs, souligne que l'élimination de niveaux de commandement, une tâche qu'il estime primordiale, impliquera également des renoncements chez tous ceux qui aspirent à des postes de commande.

[Dans un orchestre symphonique] plusieurs centaines de musiciens hautement qualifiés peuvent jouer ensemble, et pourtant il n'y a qu'un seul patron, le chef d'orchestre, sans le moindre relais entre lui et chacun des exécutants. Voilà quel sera le modèle pour l'organisation fondée sur l'information.

Cela implique, on le constatera, l'abandon définitif de la tradition selon laquelle le bon travail est récompensé le plus souvent par l'avancement, c'est-à-dire par l'accès aux postes de dirigeants. Les organisations n'auront plus de tels postes, ou très peu. De plus en plus, elles fonctionneront comme un groupe de jazz, dans lequel la prédominance passe de l'un à l'autre joueur en fonction de son instrument particulier, et non de son « rang » dans l'équipe. Le mot « rang » devrait d'ailleurs disparaître définitivement entre travailleurs du savoir. Il faudrait le remplacer par « attribution ». Pareil changement va soulever d'énormes problèmes, concernant la motivation des gens, la façon de les récompenser et de les situer socialement. (Drucker, 1993, p. 105)

Mais pourquoi décentraliser l'organisation ? Pourquoi confier davantage de prérogatives à l'ensemble des employés et des travailleurs, c'est-à-dire à ceux qui sont en contact avec les clients ou font fonctionner l'outillage industriel ? Parce que, comme l'a déjà exprimé William Weisz, vice-président de Motorola (voir McNeil et Clemmer, 1990, p. 236), primo : chaque travailleur connaît son travail mieux que personne; secundo : les travailleurs acceptent toujours volontiers la responsabilité de gérer leur propre travail et sont capables d'en assumer la responsabilité pleine et entière – pour autant que les directions sachent la leur confier; et tertio : l'intelligence, le sens de la perspective et la créativité existent à tous les niveaux de l'organisation. Voilà les raisons pour lesquelles, il convient de remettre l'entière liberté de décision et d'action aux personnes à l'œuvre sur le terrain, affirme Art McNeil. Il ne s'agit plus de « prêter » d'étage en étage des résidus de pouvoir mais de les donner. Pour ce faire, le principe de délégation doit céder sa place au principe de subsidiarité. Gestionnaires et dirigeants gagneront alors en efficacité et en satisfaction ce qu'ils auront perdu en pouvoirs, privilèges et peut-être aussi en prestige.

Selon Art McNeil, permettre à des personnes de trouver elles-mêmes des solutions, c'est non seulement les impliquer à fond dans leur travail, mais aussi et surtout favoriser une prompte et efficace application des idées novatrices. Jusqu'ici, quelques-uns au sein de l'organigramme pyramidal traditionnel étaient censés savoir, penser et décider, tandis que les autres n'étaient payés que pour exécuter les directives d'en haut, note Michel Crozier (1989, p. 16). « Cela marchait. Cela marche de moins en moins. Il faut maintenant la participation des acteurs à tous les niveaux. » Les individus sont d'ailleurs ouverts au changement, et sont même en général en avance sur les institutions. Lorsqu'il est demandé aux employés ou aux cadres de devenir des acteurs responsables, ils se mobilisent généralement avec enthousiasme, ajoute le sociologue.

« Autonomie », « décentralisation », « responsabilisation », « pyramide à l'envers », « partenariat », « participation », voilà autant de concepts et d'idées largement véhiculés depuis le début des années 80. Ils font depuis quelques années partie intégrante du discours des dirigeants et des gestionnaires. Force est cependant de constater qu'il y a loin de la coupe aux lèvres, signalent plusieurs conférenciers. Jusqu'ici les discours ont rarement été traduits en intention, mais, nécessité faisant loi, cela ne devrait plus tarder. Plusieurs observateurs sont même d'avis que l'annonce faite par GM concernant la fermeture de vingt et une de ses usines d'ici 1995 sera probablement dans quelques années analysée comme un tournant majeur ayant sonné le glas du management orthodoxe.

Rien à voir avec la philanthropie...

Les changements préconisés n'ont rien à voir avec la philanthropie, précise Omar Aktouf, pas plus qu'ils n'ont pour but de transformer les entrepreneurs « en bons samaritains » (Groupe Innovation, 1993, p. 64, 65). « Il s'agit de la survie de l'entreprise, ni plus ni moins. Car être compétitif aujourd'hui implique la mobilisation volontaire et consentie de tous les cerveaux de l'organisation, de toutes ses intelligences. » Et même si, en bout de ligne, ces changements devaient relever de l'altruisme, souligne Hervé Sérieyx, il faut garder en mémoire que « l'altruisme, ce n'est jamais que de l'égoïsme à long terme ! »

Chapitre 4

Comment mettre en pratique ces nouvelles idées

Comment opérer la transition ?

De l'avis de Warren Bennis, les défis auxquels sont confrontées les organisations en Amérique du Nord sont tout aussi grands à relever, sinon plus, que ceux devant lesquels sont placées les entreprises de l'ex-Europe de l'Est. Il rappelle que « nous opérons dans un contexte qui fut celui d'un succès alors qu'eux le font dans le contexte d'un système qui s'est totalement effondré. Tout y est à construire ». Un peu comme au Japon après la Seconde Guerre mondiale...

Pour les organisations, toute la difficulté de la transition d'un mode d'organisation traditionnel à un mode d'organisation moderne vient de l'impossibilité de tout stopper, le temps pour elles d'effectuer leur mue. Elles ne peuvent prendre congé de leurs clients ni demander à leurs actionnaires d'être patients. Elles doivent continuer à générer des profits. Or, une reconfiguration requiert du temps. Noel M. Tichy, prenant l'exemple de General Electric à témoin, affirme que la chose est réalisable. La révolution chez GE a prouvé qu'il est possible d'effectuer un changement organisationnel radical de l'intérieur sans compromettre la prospérité financière de l'entreprise (Groupe Innovation, 1993, p. 146). Mais comment opérer la transition ? Comment passer des intentions à l'implantation ? Par quoi commencer ? Quels sont les éléments fondamentaux sur lesquels les organisations peuvent ou doivent impérativement prendre appui ?

Du savoir absolu à « l'organisation qui apprend »

Robert D. Hass, président directeur général de Levi Strauss, résumait ainsi à Warren Bennis les façons de faire des leaders qui – à l'époque où leur « savoir » valait de l'or – participèrent au succès des organisations :

Parler plutôt qu'écouter; s'entourer et privilégier des personnes presque en tout point semblables à soi au détriment des autres; faire les choses comme on l'entendait soi-même plutôt que de collaborer; ou encore, prendre des décisions en fonction de ses propres convictions plutôt que de les confronter aux opinions de ses différents collaborateurs, etc. Tous ces comportements, et d'autres du même acabit ne sont plus valables. Ils sont devenus impertinents.

Pour Art McNeil, tous les changements organisationnels préconisés sont d'emblée condamnés à un échec retentissant si l'ensemble des employés des organisations, et d'abord et avant tout les dirigeants les plus hauts placés dans la pyramide hiérarchique traditionnelle, ne font pas acte de contrition. Comment ? En reconnaissant humblement qu'ils ne peuvent plus avoir toutes les réponses à tout ! En admettant publiquement qu'ils ne détiennent plus aucun savoir particulier magique qui leur permettrait de mieux positionner l'organisation comme par enchantement. « C'est fondamental », insiste le président de Achieve International. De toute façon, demande à la volée l'expert, comment une équipe dirigeante quelles que puissent être ses compétences pourrait-elle aujourd'hui prétendre être absolument convaincue de la validité de son savoir alors que la réalité est sans cesse mouvante ? Alors que les événements se téléscopent sans cesse les uns les autres, bouleversant constamment les données d'un problème quelconque ? De nos jours, renchérit-il, il ne peut plus exister d'avant-garde omnisciente. « Opérer sous la vieille prémisse du savoir tout-puissant, c'est désormais courir droit vers l'échec », prévient-il, péremptoire. Dans un univers où la réalité d'hier n'est jamais plus celle du lendemain, reconnaître que l'on ne sait pas, c'est non seulement le début de la sagesse, ajoute-t-il, c'est également, tout aussi paradoxal que cela puisse paraître, le seul socle à partir duquel l'organisation puisse espérer se recomposer sur des bases plus saines, plus conformes aux nécessités du jour et à celles, toujours plus incertaines, du futur.

Si le dirigeant reconnaît qu'il ne détient aucune vérité, aucun savoir, qu'il en acquiert l'intime conviction et qu'il le déclare publiquement, l'organisation tout entière n'aura plus qu'un seul objectif en tête : trouver et développer, et ce à tous les échelons et à tous les postes, des processus permettant de mettre en branle des actions porteuses, plus rapidement que la concurrence. Par la force des choses, cet objectif deviendra même une véritable obsession.

Lorsqu'ils auront reconnu qu'ils ne savent pas, les dirigeants accepteront naturellement l'idée selon laquelle l'ensemble des parties constituantes à l'organisation conçoivent d'elles-mêmes « de nouvelles manières de trouver, d'agir et aussi d'apprendre continuellement », ajoute Hervé Sérieyx. Si elle est alerte et sensible aux signaux de son environnement immédiat et lointain, l'organisation deviendra alors une organisation fondée sur l'apprentissage perpétuel. Régulièrement, en fonction des informations reçues de toute part, elle pourra rapidement mettre en œuvre des moyens d'action sans cesse différents, lesquels pourront permettre de répondre à un environnement lui-même en perpétuelle transformation. Ainsi qu'à des marchés toujours plus volatils. Ce faisant, l'organisation pourra épouser la marche accélérée des événements. Art McNeil (Groupe Innovation, 1993, p. 95) va même jusqu'à prétendre que :

Les gestionnaires qui pensent ou agissent en fonction de ce qu'ils savent sont des gens dangereux. Les gestionnaires doivent comprendre que la nouvelle position de force, c'est précisément de ne pas savoir. [C'est uniquement lorsqu'ils auront négocié ce virage intellectuel à 180 degrés que tous accepteront la tâche ardue consistant] à concevoir de nouvelles manières de trouver, d'agir et d'apprendre par l'expérience [...] de façon continue.

L'exercice est difficile, admet-il. Il vient bouleverser toutes les habitudes et toutes les façons de faire. Tous les dirigeants haut placés dans la pyramide hiérarchique n'ont-ils pas été nommés à leur poste grâce à ce qu'ils savaient ? Warren Bennis et Burt Nanus (1985, p. 155) définissent ainsi l'apprentissage organisationnel :

C'est le processus par lequel une organisation acquiert et applique des connaissances, des valeurs, des outils et des comportements nouveaux. Cela se produit à tous les niveaux de l'organisation – individus, groupes, système tout entier. Les individus apprennent dans le cadre de leurs activités quotidiennes et, surtout, dans leurs contacts entre eux et avec le monde extérieur.

Les groupes apprennent dès lors que leurs membres travaillent ensemble pour atteindre des buts communs. Le système tout entier apprend lorsqu'il reçoit de l'environnement des informations en retour et qu'il anticipe des changements ultérieurs. À tous les niveaux les connaissances nouvellement acquises se traduisent en nouvelles perspectives, procédures, attentes, structures des rôles et mesures du succès.

L'amélioration continue

Croyant pouvoir tabler sur une demande qui irait sans cesse croissante au fil des ans, les entreprises n'ont cessé d'accroître leurs capacités de production. Ce qui devait arriver arriva : les surcapacités sont devenues légion. Les consommateurs tiennent le bon bout du bâton et pour longtemps, souligne Noel M. Tichy, de l'Université du Michigan. Ils peuvent désormais exiger des produits toujours moins coûteux et toujours de meilleure qualité. Pour l'instant, « la seule réponse que peuvent y apporter les entreprises est d'accroître leur productivité d'année en année ».

Le concept de qualité totale ou d'amélioration continue[1] n'est pas une idée ayant surgi comme par enchantement du cerveau d'un consultant en mal d'arguments de vente, remarque Hervé Sérieyx. Il est bel et bien une nouvelle contrainte de l'époque contemporaine. Une obligation imposée par une crise de l'accumulation. La concurrence entre les entreprises pour s'arracher les faveurs des consommateurs s'est exacerbée au fur et à mesure que le rapport de force traditionnel qui prévalait entre l'offre et la demande s'inversait. L'exigence de consommateurs de plus en plus distincts entre eux est ressentie d'autant

1. « La qualité totale est un ensemble de principes et de méthodes, organisé en stratégie globale visant à mobiliser toute l'organisation pour obtenir une meilleure satisfaction du client au moindre coût. » (AFCERQ)

plus fortement par les entreprises que les individus ont plus que jamais l'embarras du choix. Se disputant les minces parts du gâteau, les « offreurs » ont inondé le marché en quantité et en variété. De 1982 à 1992, le nombre de produits stockés dans une épicerie de taille moyenne est par exemple passé de moins de 10 000 à quelque 17 000 ! (Voir tableau 9)

TABLEAU 9

Un plus grand choix pour l'ensemble des clients

Nombre de produits différents en stock dans une épicerie de superficie moyenne

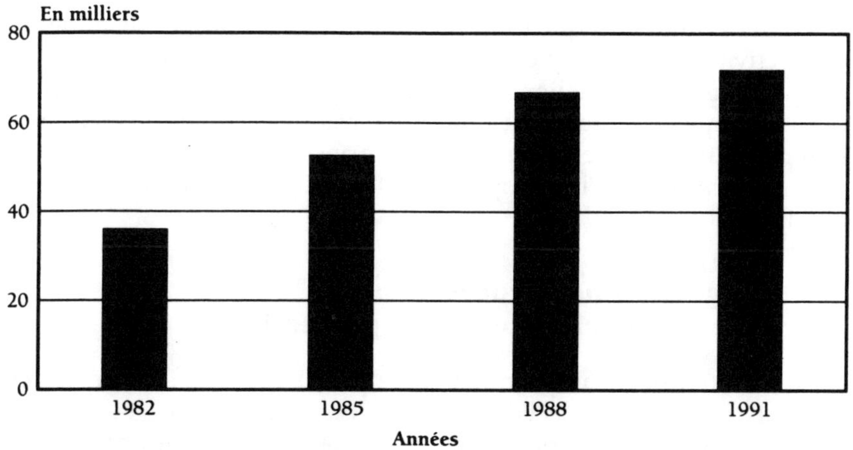

Proclamé roi par la mondialisation des échanges et les surcapacités de production, le client a désormais droit de vie et de mort sur les entreprises. Que le service soit médiocre, qu'un employé lui manque de respect ne serait-ce qu'un court instant et le consommateur se détournera pour longtemps d'une entreprise pour lui en préférer une autre. C'est sa façon à lui de se venger de ce qu'il considérera souvent comme un affront commis à l'encontre de sa personne, analyse Art McNeil. Réaction excessive ? Peut-être. Mais qui d'entre nous, même parmi les plus indulgents et les plus tolérants, ne s'est jamais adonné à ce petit jeu de cache-cache ?

Le client a désormais droit de vie et de mort sur les entreprises.

Sachant aujourd'hui – plusieurs études l'ont démontré –, qu'il faut déployer dix fois plus d'efforts pour obtenir un nouveau client que pour en conserver un, l'organisation sait qu'elle ne peut plus jouer avec la qualité. Selon Hervé Sérieyx, que cela plaise ou non :

[...] le consommateur exige désormais une très grande qualité technique, la qualité du design, la qualité du service, de l'accueil, de l'écoute. Surtout, il ne veut plus payer pour des produits obtenus avec la si mauvaise qualité de notre gestion. Il ne veut plus payer pour les réunions inutiles, les batailles incessantes entre les différents services de l'organisation, les administrations trop lourdes.

Il est impératif que toutes les activités susceptibles de miner la productivité des organisations soient clairement identifiées pour ensuite être éliminées ou améliorées, déclare Art McNeil, qui agit depuis plusieurs années auprès d'entreprises internationales soucieuses d'améliorer la qualité de leurs produits et services. Cela commande une réelle participation de l'employé et du client au processus d'amélioration continue.

La gestion par processus à tous les échelons de l'organisation

Toute organisation, quelle qu'elle soit, ne doit avoir d'autres objectifs en tête que de faire en sorte que ses produits et services soient adoptés par les consommateurs. Toute activité qui ne viserait pas à combler cette seule et unique priorité doit non seulement être considérée comme superflue mais improductive, juge Art McNeil. Une activité ne concourant pas à la valeur ajoutée des produits et services correspond ni plus ni moins à un gaspillage des ressources financières allouées par les partenaires financiers ajoute-t-il. Ce consultant de renommée mondiale déplore que les organisations aient trop souvent tendance à confondre activités et réalisations porteuses. Les réunions au cours desquelles plusieurs personnes s'affairent fébrilement sont bien plus souvent inutiles et improductives qu'on le croit généralement, affirment Jim Clemmer et Art McNeil (1990, p. 230), en se demandant si l'on permettrait à des ouvriers de production de perdre du temps dans des activités inutiles, comme on le constate trop souvent chez les gestionnaires ? Au lieu de les réduire, ces réunions accroissent les prix de revient, augmentent les délais de livraison, alourdissent les contrôles, etc.

Les activités superflues et inutiles sont surtout aujourd'hui le lot des gestionnaires et des cols blancs en général. « Ces deux groupes ont de graves problèmes de productivité », constate Art McNeil, en relevant que la productivité des employés de production a augmenté de 3,6 % par année durant la décennie 80, tandis que la leur peinait à seulement 0,3 %... Les managers, glisse-t-il, devraient s'efforcer de gérer avec qualité plutôt que de s'évertuer à contrôler la qualité du travail exécuté par les autres.

Le président de Achieve International affirme, pour sa part, qu'il n'existe aucune espèce de fatalité à ce que la sphère de la production industrielle soit la seule et unique à pouvoir véritablement enregistrer des gains de productivité année après année. La preuve en est que la production manufacturière à proprement parler n'a pas toujours elle non plus fait montre de grande productivité. Souvenons-nous seulement de cette époque, pas si lointaine, où des inspecteurs de la qualité placés au bout de la chaîne de montage veillaient à la qualité des produits fabriqués. Ces inspecteurs ne pouvaient rien faire d'autre que de rejeter les produits défectueux ou ne correspondant pas aux standards édictés. Leur intervention, pour intéressante qu'elle pouvait être, était, c'est le moins qu'on puisse dire, tardive. Elle ne résolvait pas les problèmes. Ces inspecteurs ne pouvaient que constater l'ampleur des dégâts. Tout s'est amélioré dès l'instant où les entreprises ont résolu de faire de la surveillance de la qualité un processus à être vérifié tout au long de la chaîne de fabrication. À l'aide de processus et de critères bien définis, les ouvriers, enfin devenus les véritables responsables de la qualité des produits qu'ils fabriquaient, pouvaient eux-mêmes résoudre un problème dès qu'il surgissait, évitant ainsi le gaspillage. Mais ce que font les managers à l'heure actuelle ressemble à s'y méprendre au travail qu'effectuaient les inspecteurs de la qualité installés en bout de ligne :

> **Ils attendent que les résultats mensuels ou trimestriels arrivent jusqu'à leur étage. Mais lorsqu'ils les tiennent en main, il est déjà trop tard pour y apporter des correctifs. Le mal est déjà fait ! Cette obsession des chiffres a en fait créé une lourde armée de personnes qui, à intervalles réguliers, devient tendue à l'extrême en même temps qu'impuissante devant les événements ! (Groupe Innovation, 1993, p. 95)**

Gestionnaires et cols blancs doivent eux aussi être dotés d'outils leur permettant d'agir sur-le-champ et ainsi pouvoir prévenir ce qui est aujourd'hui quasi inéluctable, soutient Art McNeil. Pour ce faire, les organisations doivent créer et instituer des processus permettant de piloter l'entreprise à l'aide de quelques variables clés (voir figure 2).

FIGURE 2
Les variables clés

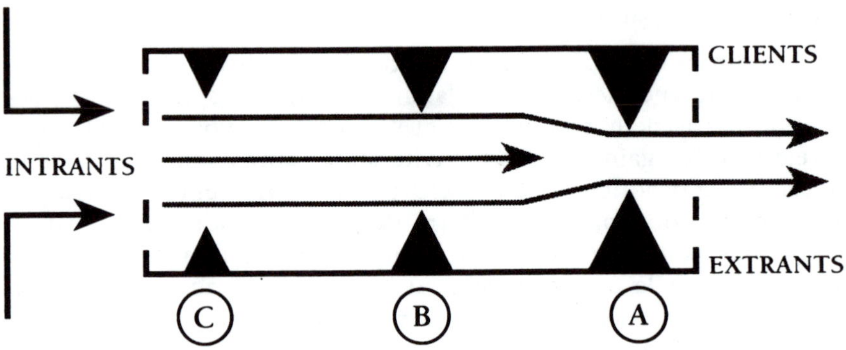

L'organisation sera alors gérée à l'aide de données sur les processus et non plus à partir des seules données financières. Cela fait toute la différence du monde, affirme Art McNeil.

Si vous gérez ainsi, vous obtenez des résultats parce que vous prenez des actions avant même de créer, de faire et d'accumuler du superflu, c'est-à-dire toutes ces choses inutiles que ni les consommateurs ni les autres partenaires ne désirent, mais qu'on leur fait sans cesse payer.

Maintenant, lorsque j'assiste à une réunion de hauts dirigeants et que ceux-ci passent leur temps à discuter de chiffres, je sais que leur entreprise est dysfonctionnelle. Je sais qu'ils opèrent selon un vieux schème industriel qui ne répond plus ni aux besoins ni aux exigences de l'époque contemporaine.

Selon Art McNeil, toujours, la « gestion par processus » n'est ni plus ni moins que « la clé de la survie des organisations au cours des années 90 et suivantes ». Qu'est-ce qu'un processus ? C'est un canevas, ou un « *check-list* », permettant de répéter une suite d'actions en continue de la façon la plus parfaite qui soit et – c'est indispensable – qui se concentre exclusivement sur l'essentiel, c'est-à-dire l'enchantement des clients et la satisfaction des partenaires internes et externes. Ici, le dilemme consistera à conjuguer indéfiniment un processus permettant de répéter une bonne séquence d'actions sans étouffer pour autant les initiatives que tous et chacun peuvent penser devoir entreprendre. Or, il faut se rappeler « que la gestion des paradoxes est un défi important pour les organisations de demain ».

L'importance du processus est reconnue depuis longtemps dans plusieurs activités, notamment dans l'aviation. Ainsi, « si le commandant du Boeing ne procède pas à son traditionnel *check-list* avant de pousser les moteurs à fond, les risques sont grands que les passagers ne parviennent jamais à destination ». Concrètement, du téléphoniste au président de l'entreprise, tous les membres d'une organisation devraient pouvoir s'appuyer sur un processus pour effectuer leur boulot quotidien. « Les processus doivent être suivis », affirme Art McNeil. À moins, bien sûr, que des informations colligées entretemps établissent qu'il faille en changer parce qu'ils ne sont pas les bons ou qu'ils n'apportent pas entière satisfaction. Il faut y prendre garde. Il arrive fréquemment que l'on puisse très bien exécuter une série d'actions ne devant tout simplement pas l'être ou que l'on s'attarde au superfétatoire.

Les organisations doivent établir des indicateurs.

Désormais, à l'heure de la qualité totale, la seule stratégie viable consiste à répondre aux besoins uniquement au moment où ceux-ci se manifestent. Dans un contexte de raréfaction des ressources financières, il faut s'en tenir à ce qui est indispensable. Même la plus parfaite stratégie, si elle est exécutée au mauvais moment, peut conduire tout droit à la faillite. « On ne peut plus faire des choses au cas où. Tout doit être fait uniquement lorsque la situation le commande. Point. » Cependant, afin d'éviter les pièges, les organisations doivent établir des indicateurs leur permettant de mesurer la validité de leurs processus de gestion. Ces mesures doivent être de deux ordres, explique l'expert. Il y a d'abord celles qui vérifient la conformité de ce qui est fait avec ce qui doit être fait. Et les autres, celles qui évaluent le degré de satisfaction des consommateurs et des partenaires de l'organisation. Jusqu'ici, rappelle Art McNeil, la qualité totale a surtout visé à enchanter à tous coups les consommateurs. C'est très bien, mais c'est insuffisant. Les organisations ne pourront tenir la route que si elles satisfont à la fois leurs clients et leurs autres partenaires.

Le concept de qualité totale a appris aux entreprises que le chemin conduisant au succès commande d'enchanter coûte que coûte et à tous coups les consommateurs. Celles qui ne le font pas déjà font fausse route.

Mais elles ne doivent pas non plus omettre de satisfaire aussi leurs partenaires internes (les employés), leurs partenaires extérieurs (les fournisseurs, les distributeurs, les communautés locales et les gouvernements), ainsi que les investisseurs (c'est-à-dire dans la plupart des cas les banques et les actionnaires). (Voir figure 3)

FIGURE 3

La chaîne des partenaires

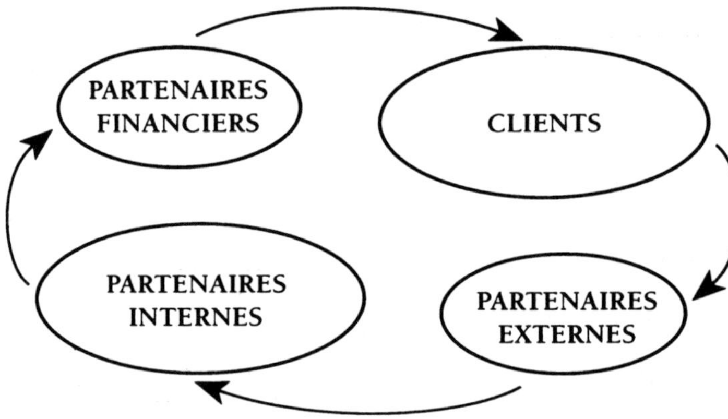

C'est à partir des données recueillies et des informations colligées sur chacun de ses maillons que les organisations pourront se réinventer perpétuellement. Cette chaîne de partenaires est fondamentale. Mais ne confondons pas, prévient Art McNeil, les verbes « satisfaire » et « enchanter ».

Pour les organisations privées, le concept d'amélioration continue risque d'être d'autant plus impératif à implanter au cours des prochaines années que les revenus disponibles des ménages diminueront. L'accès au crédit sera plus difficile. En effet, les institutions bancaires transfèrent des sommes importantes en Europe de l'Est, une région en pleine reconstruction. Ce transfert est susceptible de provoquer une raréfaction de capitaux en Amérique du Nord, signale Art McNeil. Par conséquent, les banques accorderont probablement moins facilement des prêts et chercheront peut-être même à récupérer plus rapidement ceux qu'elles consentiront.

Le concept d'amélioration continue est aussi l'affaire des administrations publiques. La réduction des moyens financiers mis à leur disposition les contraint à tendre vers la qualité. Certaines y réussissent à merveille. C'est le cas de la direction départementale de l'Équipement de la Moselle, qui, avec à sa tête François Perdrizet, a introduit de nouvelles méthodes de travail visant à engager l'ensemble des ressources dans un vaste chantier d'amélioration continue. Dans un service jadis reconnu pour sa rigidité et son austérité, cela relève presque de l'exploit ! À l'instar des consommateurs, précise François Perdrizet :

> [...] les usagers et les élus deviennent de plus en plus exigeants sur la qualité de nos prestations. Aussi, chacun d'entre nous doit-il se sentir responsable non seulement de son travail, mais de la qualité de toutes les prestations de notre service. Une mauvaise signalisation sur la route par exemple, cela nous concerne tous aussi ! (Groupe Innovation, 1993, p. 102)

La somme de 1 et 1 peut faire plus que 2...

La gestion par processus restera impossible à mettre en œuvre tant et aussi longtemps que les organisations demeureront cloisonnées par fonction comme elles le sont présentement, et que le véritable pouvoir décisionnel continuera d'être la chasse gardée de la haute direction. En effet, la délégation (verticale) et la segmentation (horizontale) constituent « les principaux freins » de la gestion par processus (voir figure 4). La gestion par fonction, basée sur l'autorité, le contrôle et une stricte démarcation des tâches, bloque l'émergence et la mise en application rapide des innovations et des initiatives individuelles : la gestion par fonction est devenue improductive.

Aux yeux de Art McNeil, la solution consiste ici à repérer les grands processus stratégiques organisationnels et à confier chacun d'eux à un directeur de service, lequel devra l'assumer en plus de ses responsabilités habituelles. Entendu que ce directeur de service deviendra « alors le patron de ce processus et [aura] autorité sur les directions fonctionnelles pour tout ce qui a trait à ce dernier » (Groupe Innovation, 1993, p. 97). Il s'agit en quelque sorte d'intégrer différentes fonctions, par exemple, celles de la conception, de la fabrication, du marketing et du contrôle par indicateurs. Ce travail de coopération entre différentes fonctions est aussi connu sous le nom « d'ingénierie simultanée ». Celle-ci fait appel à différents savoir-faire et à la mobilisation des intelligences individuelles.

FIGURE 4
L'organisation traditionnelle

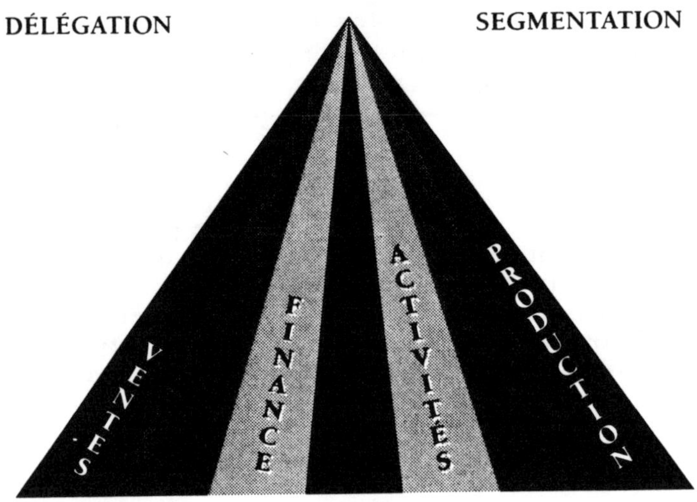

Au milieu des années 80, Renault, alors au bord de la faillite, décida de s'engager dans la voie de l'ingénierie simultanée en confiant à un directeur de projet une équipe-projet pour chaque nouveau véhicule. La vocation de ces directeurs « n'est pas d'effectuer directement les études, mais d'animer les différentes équipes et d'accélérer la circulation d'informations entre elles pour qu'elles soient plus efficaces afin de réduire les coûts de conception, d'améliorer la manufacturabilité et de raccourcir le cycle de mise au point de chaque modèle » (Boyer et Durand, 1993, p. 100).

Depuis cette époque, le constructeur automobile français a pu redresser sa situation financière et remporte succès commerciaux après succès commerciaux, tant en France que dans plusieurs marchés étrangers, dont celui de l'Allemagne. La Twingo, dernier né des modèles du manufacturier, a entièrement été conçue par ingénierie simultanée, c'est-à-dire en auto-organisation, rappelle d'ailleurs Hervé Sérieyx, en soulignant le succès qu'elle obtient depuis son lancement en 1992.

Le travail d'équipe, parce qu'il allie les compétences de chacun des membres, deviendra incontournable au sein des organisations. Pour la simple et bonne raison que ses fondements reposent sur le gros bon sens, souligne Omar Aktouf, qui aime bien répéter, afin d'illustrer son assertion, que « cinq nonos moyens valent plus qu'un prix Nobel », et qu'on ne peut exiger d'une seule personne qu'elle résolve seule l'ensemble des problèmes complexes rencontrés en cours de route. Puisque « deux têtes valent mieux qu'une », c'est collectivement que les meilleures solutions pourront se trouver. Nécessité faisant loi, le travail d'équipe est promis à un bel avenir, croit aussi Art McNeil.

Lorsque les gestionnaires prennent le temps de se pencher sur les besoins de leurs clients et de leurs partenaires, ils se rendent compte à quel point les réunions qui font se rencontrer les gens des différentes unités fonctionnelles sont importantes. [L'expert estime même que] choisir, piloter et former des gens qui travaillent à plusieurs niveaux de l'organigramme est une nouvelle fonction qui est en train de devenir rapidement l'une de leurs principales activités. (Groupe Innovation, 1993, p. 97)

L'idée du travail d'équipe a pris appui sur le concept des cercles de qualité qui se répandirent en Amérique du Nord à la suite de la fascination qu'exercèrent sur les entreprises du continent les méthodes japonaises de management. L'idée était simple, rappellent Jim Clemmer et Art McNeil (1990, p. 222). Elle consistait à réunir les travailleurs de manière à ce qu'eux-mêmes trouvent « les causes des problèmes de qualité et qu'ils proposent des solutions susceptibles d'y remédier ». De nombreuses organisations, de style « petit bocal », dans lesquels les travailleurs sont payés pour exécuter et pas pour penser, n'étaient cependant pas prêtes – l'expérience l'a prouvé – à intégrer les « gros poissons » que créaient ces cercles. « En conséquence, plusieurs des efforts ainsi consentis tournèrent court et, dans bien des cas, les cercles de qualité tombèrent en discrédit. »

Mais le bon sens qui sous-tendait le concept, heureusement, survécut. Avec un accueil plus favorable du management et un support plus important de sa part, ce travail d'équipe visant à améliorer la qualité des produits et services continue d'avoir cours dans les entreprises et porte les noms les plus divers : Équipes d'action corrective, Amélioration du service, Participation du personnel, Équipe-qualité, etc.

Un projet équipe a bien peu à voir avec un comité. Les membres d'une équipe dépendent les uns des autres

alors que les membres d'un comité représentent un point de vue. En d'autres termes, les comités délibèrent et les équipes de projets réalisent. (Peters, 1992, p. 208.)

Le travail d'équipe est exigeant et requiert de nouvelles compétences. Les membres d'une équipe doivent en effet être responsables collectivement de la production, tant du point de vue de la qualité que de la quantité. « Pour atteindre leurs objectifs, ils doivent coordonner leurs activités librement et ne plus se considérer responsables de leur seul et unique segment de tâche. » (Boyer et Durand, 1993, p. 117)

La formation : levier de la performance individuelle

[...] la capacité d'innover, de développer de nouveaux services et d'atteindre une qualité de plus en plus grande ne dépend pas seulement de l'investissement matériel [...] mais, de plus en plus, de la qualité et de la pertinence de l'investissement immatériel (dans les personnes, dans le système de relations, dans la culture).

La sélection par les tests psychotechniques ou par les examens et les diplômes perd de son importance par rapport à la formation et à l'expérience de coopération à travers des formules de délégation, de décentralisation, de cercles de qualité ou de développement organisationnel. Le concept clé auquel renvoie le développement de l'investissement immatériel est celui d'apprentissage. (Crozier, 1989, p. 32)

Des environnements politiques, sociologiques, économiques et technologiques toujours plus complexes, ainsi que les pressantes contraintes de la qualité, requièrent des qualifications techniques et des connaissances générales toujours plus grandes chez les employés de tous les échelons. La formation continue est devenu un prérequis à la réalisation de l'organisation de demain.

Dans le contexte actuel, indique Omar Aktouf (1989, p. 25), la formation offerte doit permettre aux ouvriers et aux employés de participer à la gestion, à la conception, à la recherche ou à l'innovation, et de collaborer de façon approfondie. Le management moderne

« implique plus de polyvalence, de connaissances générales, d'habitudes (et de conditions) d'initiative que ce n'est généralement le cas ». De cela, Warren Bennis est bien conscient. Il est d'avis que les organisations du siècle prochain seront celles qui auront réussi à concevoir « une véritable architecture sociale d'apprentissage permanent capable de faire fructifier le capital intellectuel de l'ensemble des ressources humaines ». Car dorénavant, et peut-être pour toujours, le succès des organisations ne pourra plus reposer sur la « production matérielle massive » mais bien sur la production intensive et perpétuelle d'idées. « Ce sont elles qui engendrent les innovations. » Ne sont-ce pas les idées, ajoute-t-il, qui ont donné son élan au Japon et aujourd'hui aux Dragons asiatiques ?

À l'instar de Warren Bennis, Ivor K. Davies estime que les idées mais aussi les performances de chaque individu de l'organigramme constituent les meilleurs atouts que les organisations puissent désormais détenir dans leur jeu. Malheureusement, déplore-t-il, les entreprises semblent à l'heure actuelle sacrifier beaucoup plus d'énergie au *lifting* de la « machine organisationnelle » qu'à la remise à neuf de « la machine humaine ». Elles n'investissent pas suffisamment dans la formation de leurs ressources humaines (Groupe Innovation, 1993, p. 109).

« Réduire les coûts, lâcher du lest, licencier des gens et tout le reste » ne suffiront jamais à créer « une nouvelle machine organisationnelle ». Il convient aussi, « même si peu ont le courage ou la volonté de le faire, d'arrimer la « machine organisationnelle » remise à neuf avec la « machine humaine » », afin que les deux puissent œuvrer de concert de manière productive. L'enjeu est de taille : tant et aussi longtemps que les deux « machines » ne travailleront pas de façon harmonieuse,

> [...] il y a peu de chances que l'entreprise avance sans heurts et de manière productive. L'énergie émotionnelle des employés à tous les échelons sera gaspillée. Des façons originales et novatrices de faire les choses se perdront. Disparaîtront aussi les moments inestimables où les gens ont le sentiment d'êtres « maîtres à bord » et importants au sein d'une organisation ayant un défi à relever. L'occasion de faire de l'organisation une « pépinière d'idées », où « les gens ont le droit de donner leur avis et de réclamer des responsabilités » (Welch, 1991), sera alors perdue à jamais. (Groupe Innovation, 1993, p. 110)

Les employeurs ont trop souvent tendance à oublier que les employés constituent le capital le plus précieux de l'entreprise – particulièrement durant ces périodes où les feux menacent d'enflammer les fondations. Il est pourtant essentiel, alors que l'on souhaite les rassembler en équipes et leur confier les pouvoirs nécessaires à la bonne marche de leur travail, que les employés puissent acquérir de nouvelles façons de travailler ensemble. « Ce n'est pas simplement en formant des équipes que l'on fait naître le travail d'équipe », prévient Art McNeil. On ne peut pas seulement dire aux gens : « Désormais, travaillez ainsi ! » Il convient de leur offrir les moyens d'exercer leurs nouveaux pouvoirs et responsabilités, et le meilleur moyen pour ce faire est de les former en ce sens. « Les employés ne sont jamais réfractaires à la formation », assure pour sa part William J. O'Brien, qui estime que les individus ont une profonde envie d'apprendre. Mais la formation a aussi d'autres vertus. Tout comme le partage de l'information constitue un signal important du degré d'ouverture et de transparence qu'a une organisation envers ses employés, l'investissement alloué en formation permet de cimenter l'organisation. Il prouve le sérieux des intentions d'une organisation à l'égard de ses employés en en faisant des partenaires à part entière de son devenir.

Voulant inciter les employeurs à investir en formation plus qu'ils le font à l'heure actuelle, Ivor K. Davies soutient que la formation n'est jamais rien d'autre que le meilleur moyen d'améliorer la performance de chacun, et par-delà, celle de l'organisation : c'est ainsi qu'elle doit être comprise. « L'important, affirme-t-il, doit être la contribution que chaque individu apporte en tant que membre d'une organisation. » Aussi, le premier souci de la formation doit-il être celui de la performance qui en résultera en bout de ligne. Cette performance doit pouvoir être mesurée à l'aune de trois critères désormais incontournables : la rentabilité de l'entreprise, bien sûr, mais aussi la satisfaction des consommateurs et celle, de plus en plus essentielle, des employés.

Les organisations doivent exister afin de permettre à des gens ordinaires d'accomplir des choses extraordinaires, rappelle Ivor K. Davies (Groupe Innovation, p. 111-113). « L'ennui, c'est qu'elles leur mettent souvent des entraves – d'où le besoin pressant pour l'organisation d'encourager la performance individuelle au lieu de l'étouffer. » Selon lui,

[les structures des organisations ne sont pas les seuls obstacles susceptibles d'empêcher] les employés de donner le meilleur d'eux-mêmes : une bonne partie de la formation

que reçoivent les cadres constitue aussi un frein. Au lieu de préparer les gens à réaliser des choses extraordinaires, la formation qu'ils reçoivent est trop générale et basée sur une conception dépassée. Sa pertinence est donc discutable.

À cet égard, il est essentiel que les dirigeants sachent faire la distinction entre deux types de formation, explique Davies. Le premier vise l'acquisition chez un individu ou un groupe d'individus de compétences ou d'aptitudes pratiques précises, c'est-à-dire en prise directe avec les problèmes actuels et leurs résolutions.

Rien n'est aussi pratique que ce genre de compétences. Savoir influencer, faciliter, encadrer, promouvoir l'esprit d'équipe, récompenser, renforcer, prévoir, adapter, présenter, mettre en œuvre, voilà autant d'aptitudes directement orientées vers l'action. Ce n'est que sur le terrain où la partie se joue qu'elles peuvent s'acquérir.

L'autre type insiste sur les compétences générales transposables ou non en situation de travail. Il s'agit essentiellement de concepts ou de principes, qui peuvent s'appliquer ou non en situation de travail. C'est souvent par des exposés ou des études de cas en salle de cours que l'on enseigne ces notions.

En période de transition, les aptitudes pratiques sont très recherchées et ont une très grande crédibilité. Elles donnent en effet directement des résultats qui justifient amplement l'investissement. (Davies, Groupe Innovation, 1993)

Dans son essai *État moderne*, *État modeste,* Michel Crozier (voir p. 264 et 265) affirme que si la formation permanente « ne parvient pas à se développer, c'est principalement parce que le plus souvent elle ne sert à rien ». Analysant la formation permanente offerte dans l'administration publique de son pays, le sociologue soutient [qu'elle] est conçue de façon abstraite, comme une affaire scolaire individuelle offrant aux uns et aux autres la possibilité de se perfectionner dans les domaines qui les intéressent, et de rattraper éventuellement leurs retards antérieurs. Rarement est-elle pensée en fonction des problèmes du métier, encore moins dans la perspective des objectifs prioritaires des responsables. Il en résulte inévitablement une profonde inadaptation à la réalité vécue [...]

La formation dont l'administration aurait besoin pour se moderniser serait active, se proposerait des buts et les réviserait en fonction des résultats. C'est une fonction qui devrait devenir centrale et mobiliser les plus gros investissements. Dans des activités de service impliquant des rapports humains complexes, des modes d'adaptation rapide, une part de responsabilité, donc d'arbitraire, la fonction « formation » devrait représenter une part croissante dans la masse salariale.

Il va sans dire que les efforts consentis en formation ne pourront être réinvestis dans les situations concrètes du travail, et ainsi être véritablement profitables à l'organisation, que si les pouvoirs des uns et des autres sont réels. L'encadrement a ainsi le devoir d'encourager la pratique des nouvelles habiletés. Faute de quoi, le réinvestissement de l'apprentissage en situation de travail sera nul. L'apprentissage est comme un muscle, illustre Art McNeil, si on ne l'utilise pas, il s'atrophie. Toutefois, la formation ne doit pas être vue comme une fin en soi. Aucune habileté ne peut jamais être considérée comme définitivement acquise. Une habileté doit continuellement être revue, renouvelée et peaufinée. La formation continue est ainsi partout et pour toute chose nécessaire : que ce soit pour travailler collectivement, diriger une équipe ou bien communiquer.

Au fil de ses interventions en entreprise, Art McNeil a eu l'occasion de rencontrer plusieurs patrons. Tous, sans le savoir, exerçaient leur leadership selon quatre manières différentes, pas plus (voir figure 5). Quatre modes auxquels correspondent également quatre types de patron. Il y a d'abord le patron autocratique (schéma 1); celui qui, situé au centre d'une étoile, consulte (schéma 2); cet autre qui préfère partager son leadership avec les membres de son équipe (schéma 3); et, enfin, le patron leader d'équipe (schéma 4).

FIGURE 5
Quatre types de leadership

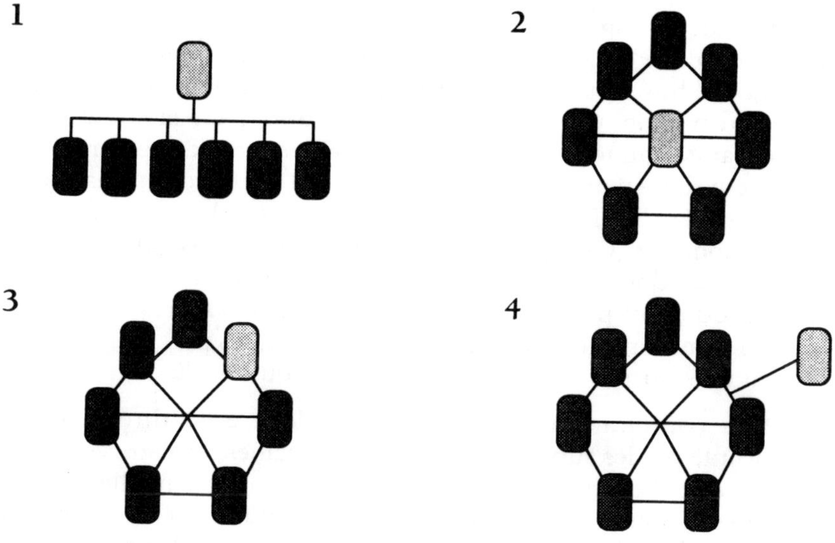

Art McNeil n'est plus convaincu que le quatrième type soit le meilleur de tous. Il n'existerait pas de progression du type 1 au type 4, comme plusieurs l'ont cru. Selon cet auteur, les organisations ont besoin de leaders capables d'être tout cela à la fois. Entendu cependant que l'un ou l'autre de ces traits devra prévaloir sur les autres au gré des circonstances. Or, pour cela, il faut que les dirigeants puissent eux aussi s'appuyer sur de nouvelles compétences et habiletés. La formation est ici aussi nécessaire au succès de l'organisation.

Comme le leadership, la communication est elle aussi une habileté particulière, une habileté d'ailleurs de plus en plus essentielle qui, comme le leadership, peut s'acquérir par la formation.

Énoncer un argument, en écouter un autre, féliciter quelqu'un, donner une rétroaction, toutes ces puissantes façons de communiquer sont utilisées à bon escient, ou mal utilisées, selon le niveau d'habileté du communicateur. (McNeil et Clemmer, 1990, p. 218)

De l'information à la communication interpersonnelle

Depuis qu'elle a enclenché en 1989 une véritable révolution managériale en son sein, Hewlett-Packard, une firme de classe mondiale spécialisée dans la fabrication de produits de haute technologie, est aujourd'hui considérée comme l'une des entreprises les mieux gérées au monde. Cette révolution a pris appui sur la communication organisationnelle, explique Brad Whitworth, directeur du département des Affaires publiques de Hewlett-Packard international à Paolo Alto en Californie, et singulièrement, sur la communication interpersonnelle (Groupe Innovation, 1993, p. 115 et ss). Pour lui, il ne fait aucun doute qu'il y a communication et communication. Certaines produisent plus de résultats tangibles que d'autres. Les techniques de communication les plus sophistiquées, les plus « *hight tech* », ne sont en effet pas toujours les meilleures ou les plus efficientes.

La communication interpersonnelle, c'est-à-dire celle qui n'emprunte pas les supports habituels (magazines, bulletins internes, courrier électronique ou vidéos), est probablement la meilleure d'entre toutes, selon Brad Whitworth. Elle a le grand mérite de ne pas dépersonnaliser le message et permet de mieux coller aux besoins d'information spécifiques à chacun. Elle peut ainsi faire disparaître, ou à tout le moins diminuer, tout ce qui peut subsister comme confusion chez les uns et les autres. Le tête-à-tête a également l'immense mérite de dépasser la simple transmission d'information. Grâce à lui, l'information devient communication. La rétroaction du récepteur à l'émetteur est alors instantanée. « Il n'y a pas de communication de haut en bas efficace qui ne soit fondée sur une communication plus riche de bas en haut », écrit Michel Crozier (1989, p. 84).

La communication ne doit plus pécher ni par propagande, ni par manipulation. Son seul souci doit être de faire savoir et de connaître, car ce que réclament les employés, c'est souvent d'être écoutés. Leur insatisfaction au travail découle en effet la plupart du temps de ce qu'ils acquièrent le sentiment de ne pas être écoutés. Ils ont le sentiment que leurs opinions comptent pour des prunes. En revanche, la communication, lorsqu'elle est réellement symétrique, permet d'être attentif aux personnes. Elle devient alors dialogue. Et chaque dialogue peut être l'occasion d'un apprentissage. Chacun d'eux est une petite réunion informelle dont le potentiel d'efficacité peut être redoutable. À ce sujet, Art McNeil (1990, p. 179) souligne que les qualités propres à l'écoute active sont cruciales dans ce processus. « Celui qui maîtrise l'art de l'écoute obtient plus d'informations, s'assure le respect de ses collègues de travail et gagne du temps. »

Mais à qui appartient-il de communiquer, d'informer et d'écouter ? Certainement pas aux départements de communication, s'exclame Brad Whitworth ! Il affirme que tous les superviseurs et managers ont un important rôle à jouer en communication organisationnelle et qu'ils doivent l'exercer.

En 1985, invités à se prononcer par sondage sur le canal par lequel ils préféraient être informés, les employés d'Hewlett-Packard ont d'abord désigné leur supérieur immédiat (voir Groupe Innovation, 1993, p. 116). En outre, des enquêtes conduites par des chercheurs de General Electric au début des années 80 et par la suite chez Hewlett-Packard ont même démontré que la capacité qu'ont les gestionnaires de communiquer avec les employés était un facteur qui concourait à leur satisfaction au travail et à leur entrain. Devant les conclusions convergentes de ces recherches et des sondages qu'elles ont menés, GE et HP ont toutes deux décidé de réorienter leurs stratégies de communication, « en misant sur le fait que le supérieur immédiat devait être le maillon essentiel de la chaîne de communication ». Brad Whitworth explique ainsi que « dans les usines et les services de vente de Hewlett-Packard, les agents de communication transmettent désormais plus d'informations directement aux gestionnaires et les encouragent à partager cette information avec leurs employés » (Groupe Innovation, 1993, p. 121).

Dans une entreprise comme HP, où la moitié du chiffre d'affaires provient chaque année de produits qui n'existaient pas deux ans auparavant, c'est essentiel, dit-il. Les processus de fabrication et de mise en marché étant en constante évolution, l'entreprise doit continuellement se réinventer. La communication est l'élément permettant de rassembler et d'unifier l'ensemble des membres de l'organisation. Elle donne du sens aux actions.

Chez HP, la fonction communication est désormais comprise comme un continuum. Avec les superviseurs immédiats, la communication est quotidienne et symétrique. Elle a trait au travail des employés ainsi qu'à leurs performances individuelles. Par ailleurs, une fois par mois, le responsable de chaque division réunit ses troupes pour leur faire part des performances de leur unité lors d'un « *Coffee talk* ». Enfin, deux fois par année, les dirigeants du siège social s'adressent, via satellite, à tous les employés de HP à travers le monde. Tous peuvent alors prendre le pouls exact de la situation de l'entreprise. C'est ainsi que les employés peuvent intuitivement prendre de meilleures décisions fondées sur l'état présent et l'état futur de leur organisation. Mieux informés, ils saisissent mieux leur apport à la production globale.

Il est de plus en plus admis que les organisations capables de mettre en place des mécanismes de communication directe acquerront une longueur d'avance sur leurs concurrents. En règle générale, déplore toutefois Brad Whitworth, les organisations occidentales ont trop souvent négligé de voir à développer chez les cadres les habiletés propres à la communication. « Les départements de communication, de ressources humaines et les personnes œuvrant dans les programmes de formation peuvent et doivent faire davantage afin d'aider les superviseurs à mieux remplir ce rôle qui doit être le leur », dit-il. Ce n'est qu'ainsi qu'ils pourront assumer le rôle de facilitateur et de conseiller qu'on attend et réclame de leur part. Jim Clemmer et Art McNeil rapportent dans leur ouvrage *La stratégie V.I.P.* (p. 218) que

> **[...] le professeur Joseph Leonard, dans un article intitulé « Pourquoi la gestion par objectifs échoue si souvent », affirme : « Même si près de la moitié des 500 entreprises de *Fortune* utilisent la gestion par objectifs, certaines enquêtes révèlent que le taux de réussite est d'à peine 20-25 %. Le manque de communication en est peut-être la raison principale ». Quand il explique comment améliorer le taux de réussite, Leonard insiste sur le processus de rétroaction : « La communication interpersonnelle directe permet la rétroaction la plus efficace ». Cependant, conclut l'auteur, les habiletés qui permettraient une telle communication font souvent défaut : « [La gestion par objectifs] exige des managers amicaux, capables d'aider; un personnel loyal et mûr; un climat de profonde confiance mutuelle [...] mais souvent les managers sont incapables de bien communiquer avec des individus et des groupes qui ne partagent pas les mêmes perceptions du travail qu'eux-mêmes. »**

En 1992, le Groupe Innovation publiait, en collaboration avec l'Association des professionnels en ressources humaines du Québec, les résultats d'une vaste enquête sur l'évaluation des pratiques de communication au sein des organisations québécoises (voir *Le point sur la communication interne au Québec*). Cette enquête révélait entre autres choses l'écart prévalant entre le discours et la pratique. Ainsi, tandis que 96 % des répondants affirment que la communication interne est un élément essentiel au succès des organisations, 40 % seulement possèdent une stratégie, un programme ou une politique concernant la communication interne. De plus, parmi ces derniers,

59 % seulement affirment avoir instauré des moyens permettant de vérifier l'atteinte des objectifs de communication visés par les stratégies. Mais le fait que la plupart des répondants avaient tout de même considéré essentielle la transmission au personnel de l'information portant sur la raison d'être de l'organisation et ses valeurs est en soi encourageant. Un premier pas qui appelle une large circulation de l'information à travers tous les échelons et toutes les fonctions.

À notre époque, il est vital que l'information circule ouvertement dans l'organisation. Chez Microsoft, le motif de licenciement pour les cadres est depuis longtemps de « retenir de l'information », rapporte Hervé Sérieyx qui au cours des ses recherches s'est longuement entretenu avec Bill Gates, le patron de Microsoft. Cela a porté fruit. Au cours du trimestre 1993, les ventes nord-américaines de programmes informatiques utilisables sur le système d'exploitation Windows de Microsoft ont pour la première fois dépassé celles des logiciels compatibles avec le système DOS de IBM.

Chapitre 5

Redécouvrir le leadership

Les agents du changement organisationnel

Dans l'œil de la tempête, il n'est jamais facile d'être capitaine de navire. « Le métier de leader est difficile », convient Warren Bennis. Le président et fondateur du Leadership Institute et professeur en administration des affaires à l'Université de Southern California souligne que l'insatisfaction à l'endroit des leaders semble aller grandissante de nos jours. Exemple parmi tant d'autres : aucun des chefs de gouvernement du G-7 ne parvient à se maintenir longtemps en tête des sondages d'opinion. Même après un retentissant triomphe électoral ! L'expert note même qu'un nombre croissant de leaders quittent leur fonction aussi heureux que lorsqu'ils y ont accédé, trop contents de ne plus avoir à affronter la méfiance et les critiques acerbes de tout le monde ! Le 25 juin dernier, à la résidence du gouverneur général à Ottawa, c'est un Brian Mulroney rien de moins que radieux qui a passé le témoin à Kim Campbell...

Pour changer l'organisation, il faut que quelques conditions « favorisantes » soient réunies; celles-ci tiennent dans le leadership des organisations. Et plus souvent qu'autrement dans la personnalité même de son PDG, estime Warren Bennis, selon qui le leadership est sans nul doute le facteur clé de la mise en valeur des ressources humaines. « Architecte social », le leader dirige et oriente les changements.

Si le leadership a si souvent mauvaise presse, c'est bien sûr qu'il est associé au pouvoir. Or, de l'avis de Warren Bennis (1985, p. 24), même si l'excès de pouvoir peut conduire aux pires abus, le pouvoir peut aussi être intrinsèquement neutre. Dans le cas qui nous concerne, « le pouvoir doit être l'énergie fondamentale nécessaire pour lancer et soutenir une action ou, autrement dit, la capacité de traduire l'intention en réalité et de soutenir l'action. Le leadership est l'usage judicieux de ce pouvoir ». Les changements organisationnels à mettre en branle requièrent ainsi un leadership inspiré et une volonté sans équivoque de revoir de fond en comble les structures des organisations. S'il est efficace et bien exercé, le leadership « peut faire passer les organisations d'un état présent à un état futur, créer des perspectives potentielles pour les entreprises, inspirer aux salariés la volonté de changer et instiller de nouvelles philosophies et stratégies dans les organisations de nature à mobiliser et à focaliser l'énergie et les ressources ». (*Ibid*, p. 25). Notre époque a besoin de leaders, insiste Warren Bennis.

À l'heure de la complexité, il appartient aux leaders des organisations d'être les agents du changement, prétend Noel M. Tichy, professeur de comportement organisationnel et de gestion des ressources humaines à la School of Business Administration de l'Université du Michigan. Il leur incombe d'en être les déclencheurs et les catalyseurs. Il est en effet peu probable qu'un cadre intermédiaire entreprenne de lui-même des changements susceptibles de le placer, du moins dans un premier temps, dans une position plus précaire. De faït, toutes les expériences réussies ayant eu pour objectif de concevoir une organisation moderne et efficiente l'ont été grâce à leurs responsables les plus haut placés. « Jamais, affirme Warren Bennis, n'ai-je vu un seul changement organisationnel significatif s'opérer sans la volonté, l'inspiration, le support, l'engagement et l'implication de tous les instants du président et de son équipe. » Si, par exemple, la qualité totale a pu être implantée avec succès chez Motorola ou chez Heinz Food, c'est en raison de l'engagement de leur haute direction et des « signaux qu'elles ont envoyés à tous les échelons ». À contrario, lorsqu'elles échouent, la faute en incombe aussi au leadership. Celui-ci n'aura pas réussi à inculquer vision, compréhension et confiance aux troupes. (Bennis, 1985, p. 18)

Aucune réforme organisationnelle ne peut donc être accomplie durablement sans un leadership clairement affirmé. « Le leadership est le seul et unique élément pouvant désormais faire la différence entre le succès ou la faillite d'une organisation, peu importe qu'elle soit privée, publique, et son secteur d'activité », fait valoir Warren Bennis. C'est tellement vrai, avance William J. O'Brien, que l'organisation est toujours ce que sont ses leaders. L'organisation devient ce qu'ils pensent et ce qu'ils veulent qu'elle soit ! Pour le meilleur, comme pour le pire...

Si vous croyez que les gens s'intéressent aux manœuvres qui leur permettront d'exercer le maximum de pouvoir, vous créez un environnement politicien. Si vous pensez qu'une fois patron, vous devez tout faire pour le demeurer, vous vous contentez de structures bureaucratiques. [Par contre, si] vous êtes persuadé qu'il existe un formidable potentiel humain inemployé, vous tentez d'édifier un contexte marqué par des valeurs et par une vision. (Groupe Innovation, 1993, p. 76)

Gestionnaires vs leaders

Après avoir quitté son poste de recteur de l'Université de Cincinnati, Warren Bennis a consacré tout près de cinq années à des recherches préparatoires à la rédaction d'un ouvrage sur le leadership. Il s'est passionné pour son sujet au point de considérer que l'histoire du monde n'est somme toute que la succession des biographies de grands personnages. Il est convaincu que, forts de la détermination qu'ils ont d'atteindre leurs buts, « les véritables leaders en viennent à créer les événements plus qu'ils ne surfent dessus ».

Plus concrètement, les enquêtes qu'il a menées à travers l'Amérique du Nord auprès de 90 leaders du monde des affaires et des milieux artistique, universitaire et sportif, l'ont amené à une constatation à la fois troublante et éloquente : les organisations souffrent d'un trop plein de gestion et d'un manque flagrant de leadership, et ce à tous les paliers. Deux maux qui sont en fait les deux faces d'une même médaille. Ainsi, afin de pallier le manque de leadership, plusieurs organisations ont concentré leurs énergies sur le management. Handicapées par un manque de direction (ou de vision), elles ont fini par engendrer des monstres de bureaucratie.

Durant les années 70 et 80, période au cours de laquelle la rentabilité coulait encore parfois presque de source, plusieurs grands groupes ont en effet créé de gigantesques bureaucraties. Le développement de la hiérarchie intermédiaire a miné les gains de productivité enregistrés dans les fonctions de production de biens. Plusieurs d'entre eux croulent aujourd'hui sous le poids de leur gestion. Particulièrement, les entreprises engagées sur la pente du déclin. C'était notamment le cas d'IBM avant que la multinationale n'imprime un sérieux coup de barre à son organisation.

Le leader sait ce qu'il faut faire, tandis que le gestionnaire sait comment bien le faire.

Entre le gestionnaire, qui gère, et le leader, qui dirige, la distinction n'a rien de sémantique : elle est capitale ! « Le leader sait ce qu'il faut faire, tandis que le gestionnaire sait comment bien le faire[1] », déclare Warren Bennis dans une formule qui a le mérite de faire image (voir tableau 10). Voilà certes deux rôles essentiels, mais profondément différents l'un de l'autre. « *Do the right things* » renvoie au rêve, à la vision, à la direction à prendre, aux objectifs à atteindre, au long terme. Autant d'idées et de notions qui tablent sur l'avenir. Le visionnaire est donc une personne résolument tournée vers le futur. Il donne le *la* et la cadence générale. En d'autres termes, le leader, en canalisant l'attention sur une vision, « exploite les ressources émotionnelles et spirituelles de l'organisation, ses valeurs, ses engagements et ses aspirations. En revanche, le manager exploite les ressources physiques de l'organisation, son capital, ses compétences humaines, ses matières premières et sa technologie » (Bennis et Nanus, 1985, p. 81). D'autres vont plus loin encore, affirmant que le leader est centré exclusivement sur « l'humain » tandis que le manager l'aurait en aversion... D'où son incessant désir de tenir les employés sous harnais. Le secret tient peut-être en un savant dosage de leadership et de gestion. Aucun ne doit primer sur l'autre. Une élémentaire logique, mâtinée d'un tantinet de prudence, nous incline ainsi à penser que ce dosage varie en fonction des circonstances, comme l'a suggéré Art McNeil.

TABLEAU 10

Distinction entre gestion et leadership

Gestion Bien faire les choses	**Leadership** Faire les bonnes choses
• Administration	• Innovation
• Maintien	• Développement
• Système/Structure	• Gens/Confiance
• Court terme	• Long terme
• Comment ?	• Quoi/Pourquoi ?
• Obéissance	• Engagement
• Contrôle	• Pouvoir

1. Traduction de : « *The leaders are the people who do the right things and managers are the people who do the things right* ».

Au cours des ses pérégrinations, de ses rencontres avec une centaine de leaders d'organisations publiques, parapubliques et privées, Warren Bennis a souvent été surpris de voir que des responsables haut placés dans la hiérarchie traditionnelle « faisaient très bien des choses qu'il n'aurait pas fallu qu'ils fassent... » Un peu comme ce Prix Nobel de physique qui, alors qu'il avait été invité par le gouvernement brésilien à prononcer une série de conférences, prit son engagement tellement au sérieux qu'il alla jusqu'à apprendre durant trois mois chez Berlitz ce qu'il croyait être la langue de ses hôtes. Il apprit l'espagnol...

Pour Warren Bennis, le leadership, lorsqu'il est exercé par un véritable leader, se ressent dans toute l'organisation : le leader rythme et dynamise le travail. Les organisations dotées de leaders efficaces sont différentes des autres. Les employés y ont le sentiment qu'ils participent aux succès de l'organisation. Ils n'ignorent pas que leur travail quotidien, aussi simple puisse-t-il paraître, est capital. Sous la direction d'un véritable leader, le travail devient stimulant, dynamisant, fascinant, voire... amusant ! (Groupe Innovation, 1993, p. 70 et 71)

Le véritable leader se démarque des autres en ce qu'il encourage et valorise une pratique orientée vers les projets plutôt que vers les comités. Ces équipes privilégient le client, possèdent des objectifs précis et travaillent dans un climat d'autonomie, d'ouverture sur l'extérieur et de responsabilité. Au moment où la houle secoue fortement le navire, observe Ivor K. Davies, les organisations ont surtout besoin de leaders, c'est-à-dire de personnes ayant une vision du long terme, sachant utiliser les vents pour amener l'équipage à bon port. La principale question qu'il convient désormais de se poser, à son avis, est la suivante : « *Are we doing the right things ?* » Dans son esprit, il ne fait aucun doute que la balle est dans le camp des leaders. Il leur appartient de la ramasser et de la relancer.

On ne naît plus chef : on le devient

Mais qui peut prétendre au titre de leader ? « N'importe qui », affirme Warren Bennis. Aujourd'hui, on ne naît plus chef comme avant : on le devient. Les « qualités de chef » ont peu à voir avec les chromosomes. En fait, « le leadership semble être l'exploitation de compétences que possède une majorité mais que met en œuvre une minorité ». Le leadership est quelque chose d'indéfinissable « que n'importe qui peu apprendre et dont n'importe qui est capable » (Bennis et Nanus, 1985, p. 33). À sa manière, remarque Warren Bennis, « Willy », ce chauffeur de taxi new-yorkais qui pour obtenir davantage de pourboires a mis à la disposition de ses clients un panier de fruits, des journaux et un téléphone cellulaire, est aussi un leader. Mais il en va bien sûr du leadership comme du reste. Certains se présentent sur la ligne de départ en meilleure posture que d'autres. L'acquisition des habiletés formant le leadership est

> un processus profondément humain, ponctué d'essais et d'erreurs, de victoires et de défaites, de calculs et de hasards, d'intuition et de perspicacité. Apprendre à être un leader, c'est un peu comme apprendre à être un parent ou un amant; l'enfance et l'adolescence fournissent les valeurs fondamentales et des modèles de rôles. [Tout le reste s'acquiert au fil des années et des expériences personnelles.] (Bennis et Nanus, 1985, p. 180)

Le leader est partout dans l'entreprise

Même s'il choisit délibérément dans son propos de mettre l'accent sur le leader situé au sommet de la hiérarchie de la pyramide traditionnelle, Warren Bennis estime que le leadership n'a en fait rien à voir non plus avec la fonction exercée. Opinion que partagent également Art McNeil et Jim Clemmer (1990, p. 163) : « Tout le monde, au sein des organisations modernes, doit être le leader de quelqu'un – y compris de lui-même ! » quel que soit son niveau hiérarchique ou sa fonction.

Une fois que le PDG aura établi le cadre général d'exercice, tous les autres, installés un peu partout dans les organisations, devront eux aussi pouvoir exercer leur propre leadership. À tout le moins, nous pouvons supposer que les organisations auront autant besoin de leaders qu'elles constitueront d'équipes aux pouvoirs décisionnels élargis. À chaque équipe son leader, donc. Mais à chaque membre d'équipe d'être aussi un leader...

Les qualités sur lesquelles s'appuient les leaders

Tout en reconnaissant la témérité de son projet, Warren Bennis est parvenu, après plusieurs années d'enquête, à dégager quelques traits de caractère qu'on retrouve en général chez tous les grands leaders – Warren Bennis définit le caractère comme étant la combinaison d'éléments formant la personnalité d'un individu (voir tableau 11). Ces traits distinguant un leader d'un gestionnaire sont universels, semblables donc sous toutes les latitudes. Ils sont plus propres à l'être humain qu'à la culture dont il est issu. Ils sont par conséquent aussi valables au Québec, en France, au Japon, en Argentine qu'aux États-Unis.

TABLEAU 11
Synonymes de caractère et définition

Synonymes :

Nature, qualité, gravé, disposition, tempérament, humeur, type, tendance, acabit, fougue, propension, influence, attitudes, inclination, marque, aptitude, genre, tendance.

Définition :

1. Ensemble des traits propres à une personne, et qui permettent de la distinguer d'une autre;
2. qualité morale ou éthique;
3. qualités référant au courage et à l'honnêteté : intégrité;
4. réputation;
5. renom.

Source : Traduction de la définition donnée dans le *Random House Unabridged Dictionary Diriger*, citée dans Warren Bennis et Burt Nanus (1985). Paris, InterÉdition.

Warren Bennis a découvert que ce qui fait les qualités d'un bon leader est souvent ce que les employés, les travailleurs et les cadres intermédiaires attendent d'eux : de l'espoir, de la confiance et une direction claire et précise (voir tableaux 12 et 13). Des idées qui rejoignent les principes de la pensée complexe chers à Hervé Sérieyx ainsi que les nouvelles aspirations des individus et des générations montantes décrites par Gregory Schmid. Direction, confiance et espoir constituent donc les trois éléments pouvant permettre de vaincre les inévitables résistances aux changements.

TABLEAU 12
Le leadership transformateur

Les employés veulent que leurs leaders :	**Pour répondre aux attentes de leurs employés les leaders doivent :**
– leur indiquent une direction;	– être résolus;
– leur inspirent confiance;	– avoir un bon « caractère »;
– leur donnent de l'espoir.	– être optimistes (être convaincus de leur efficacité personnelle).

TABLEAU 13

Attitudes que devrait avoir le p.-d.g.

– Communique son sens de la vision	75 %	98 %
– Relie compensation et performance	61 %	91 %
– Entre fréquemment en contact avec les employés	59 %	89 %
– Met l'accent sur l'éthique	74 %	85 %
– Planifie la succession administrative	56 %	85 %
– Communique régulièrement avec les clients	41 %	78 %
– Réaffecte ou congédie les employés dont le rendement est insatisfaisant	34 %	71 %
– Récompense la loyauté	48 %	44 %
– Prend toutes les décisions importantes	39 %	21 %
– Adopte une attitude conservatrice	32 %	13 %

Ainsi, aux dernières élections présidentielles américaines, la victoire de Bill Clinton a été en bonne partie attribuable à la perception qu'eurent les électeurs américains des capacités du fringant candidat d'imprimer une direction claire et précise aux États-Unis, de la confiance qu'il inspirait aux citoyens et de l'espoir qu'il trimballait avec lui dans ses valises, estime Warren Bennis. Imprimer une direction, c'est d'abord être résolu. Résolu à parvenir aux buts fixés. Or, pour que l'ensemble des ressources humaines puisse être aussi résolu à les atteindre que l'est la direction, les leaders doivent susciter et inspirer une très grande confiance. Ce n'est qu'une fois la confiance établie que tous partageront les buts préalablement déterminés. Et ceux-ci seront atteints d'autant plus facilement que l'espoir d'y parvenir sera grand. « L'espoir est primordial, souligne Warren Bennis. Il signifie qu'il existe un futur, des lendemains qui chantent et des possibilités nouvelles. »

Ce n'est qu'une fois la confiance établie que tous partageront les buts préalablement déterminés.

Sur la direction et la vision

Pour Warren Bennis, rien d'extraordinaire ne peut jamais être accompli sans une grande détermination. De tous les leaders qu'il a rencontrés, les plus remarquables furent toujours sans exception ceux qui étaient déterminés à atteindre leurs buts. Le professeur de Southern California relate ainsi que Jack Welch de General Electric, l'un des nombreux leaders avec lesquels il s'est entretenu, « brûlait d'intensité lorsqu'il évoquait les objectifs qu'il poursuivait ». Pour les leaders, illustre Warren Bennis en se remémorant une phrase de Wayne Gretzky,

« l'important n'est jamais l'endroit où se trouve la rondelle mais celui où elle sera ». Les leaders sont des êtres dont l'esprit est tourné vers les résultats.

Selon Art McNeil, les bons leaders sont très certainement ces personnes qui partagent avec les artistes ce *« no man's land »* séparant la vision du résultat. Transporté par son objectif, rappelle-t-il, Michel-Ange a fait disparaître tous les scories qui ne correspondaient pas à la vision qu'il avait de ce que pouvait devenir son bloc de marbre pour en faire émerger nul autre que son célèbre David. Comme l'artiste, le leader s'emploie à créer une chose qui n'existe pas.

Chez les leaders comme chez les artistes, la grandeur et la folie cohabitent dans un territoire de création, qui se trouve au centre de tout le processus, quelque part entre le rêve et la réalité. (Groupe Innovation, 1993, p. 98)

Avec Jim Clemmer (1990, p. 93), il est d'avis que la vision est aux êtres humains ce que les données sont aux ordinateurs : « un intrant clé tellement important, tellement vital que s'il est absent, l'objet même de l'existence devient discutable ». De la même manière que le processus n'est pas un rite mais une méthodologie, la vision n'a rien d'une mystique. Elle ne relève pas du religieux. Elle réfère directement aux résultats à obtenir à long terme, aux grands objectifs à atteindre, précise Warren Bennis. La vision confère du sens; elle pointe l'avenir du doigt; elle transcende les objectifs à court terme en les insérant dans un tout. Enthousiasmante, la vision est non seulement une mission, mais aussi un puissant aimant. Comme les grands défis, la vision réveille la capacité collective. « Les leaders, soutient-il, gèrent la mobilisation grâce à une puissante vision capable de faire découvrir aux autres des horizons qui leur étaient jusque-là inconnus. » Comme Peter Drucker, Warren Bennis a la conviction qu'un leadership bien exercé « élève les visions personnelles » des autres. Quasi irrésistible, leur vision attire les autres vers eux, comme un aimant attire le fer.

Les leaders gèrent la mobilisation grâce à une puissante vision.

Déterminer et imprimer une direction, c'est également adopter un point de vue, poursuit Warren Bennis. Une expression qu'il a découverte lors d'une visite chez Walt Disney. Michael Eisner, président de Disney, lui fit remarquer que dans son industrie on préférait cette expression, plus près de la culture cinématographique, au concept de vision. Lors des réunions hebdomadaires, c'est toujours la personne qui possède le plus fort « *point of view* » qui l'emporte, lui expliqua-t-il. « Il en est de même pour les entreprises, dit Warren Bennis. Ce sont celles qui bénéficient du plus fort « *point of view* » qui l'emportent sur les autres. »

Il en va cependant des visions comme des remèdes, dit Art McNeil. La « bonne vision » n'a toujours qu'un temps; elle peut s'altérer. Aussi, suggère-t-il aux organisations de continuellement faire place à de nouvelles visions, autrement dit, à de nouveaux visionnaires. Le moment venu, les leaders doivent savoir faire preuve d'un grand sens d'abnégation et céder leur place à d'autres personnes « plus dans le coup ».

Toutefois, il ne suffit pas au leader de connaître ni d'indiquer aux autres les objectifs à atteindre. Encore faut-il qu'il fasse pleinement partager son rêve par l'ensemble de l'organisation afin que celle-ci y adhère pleinement et pour longtemps. Dans les organisations de demain, l'autodiscipline devra avoir remplacé la discipline imposée, affirme William J. O'Brien. Les leaders devront obtenir que les employés les suivent volontairement, sans qu'ils n'aient plus à imposer quoi que ce soit. Pour obtenir leur soutien indéfectible, les leaders devront impérativement être capables de faire accepter le bien-fondé de leur vision par tous. Ils devront susciter un réel engagement autour d'eux. Ce n'est qu'à ce prix que d'importantes transformations pourront apparaître. Si elle n'est pas relayée, admise par l'ensemble des troupes, la vision demeurera du domaine de l'intellect et de l'ordre des intentions, et finira par disparaître d'elle-même.

La mobilisation plutôt que la motivation

Le leader ne doit plus motiver mais mobiliser. Selon Omar Aktouf, tabler sur la motivation, c'est continuer d'accepter l'idée selon laquelle les employés et les travailleurs sont des « objets » malléables à gré, incapables de trouver d'inspiration en eux-mêmes. La motivation est un concept infantilisant qui n'a plus aucune prise sur des gens hautement scolarisés. S'ils sont mobilisés, les employés se motivent d'eux-mêmes. Ainsi, une organisation ne peut être compétitive longtemps que si elle parvient à « la mobilisation volontaire et consentie de tous les cerveaux de l'organisation, de toutes ses intelligences » (Groupe Innovation, 1993, p. 64, 65). Il n'existe pas de meilleure façon de « répondre à la complexification grandissante des produits, des goûts, des marchés et des technologies que la mobilisation ».

Pour mobiliser l'intelligence des individus, et non leur simple obéissance, il faut un élément nouveau, non prévu jusque-là par la gestion des ressources humaines et le management traditionnel : que l'employé le veuille, authentiquement, personnellement. Et pour cela, il lui faut des raisons, valables de son point de vue. Ni la manipulation, ni la séduction, ni la terreur (menace de coupures) n'y ont réussi, on le voit parfaitement de nos jours.

« Quand on a peur de perdre son emploi, lance Hervé Sérieyx, on s'agite mais on n'apporte pas de soi-même. »

Le pari est difficile. « Il faut aujourd'hui continuellement se demander comment amener des centaines de personnes, parfois des milliers, à s'engager à faire de toute l'organisation une organisation meilleure », déclare John H. Saunders, directeur des opérations de la firme Binney & Smith, à Lindsay en Ontario. La meilleure route à emprunter pour parvenir à la mobilisation librement consentie passe par la communication. En cette époque où le pouvoir par fonction est appelé à s'éroder, la communication est plus que jamais un élément essentiel du leadership. On ne persuade jamais bien sans bonne communication. Elle est, peut-on lire dans *Le point sur la communication interne au Québec*, un « élément intégrateur des pratiques et des comportements nouveaux émergents en gestion » (voir p. 3). C'est pourquoi, explique Warren Bennis, les leaders doivent apprendre à écouter les désirs des uns et les doléances des autres – et les convaincre de la justesse de leur propre vision.

Les actions et les symboles du leadership sont là pour conférer un cadre au vouloir-dire et canaliser l'interprétation. Les dirigeants exposent et définissent ce qui auparavant restait implicite ou inexprimé; alors ils inventent des images, des métaphores et des modèles qui ont pour objet de focaliser l'attention. (Bennis et Nanus, p. 42)

Aucune mobilisation possible en l'absence de confiance

Pour que la mobilisation autour d'une vision puisse être effective, le leader doit également et absolument inspirer confiance. En l'absence de confiance, souligne Warren Bennis, la mobilisation risque de se fracasser contre le premier écueil rencontré. En effet, les individus sont de plus en plus sceptiques. Ils perçoivent les discours pour ce qu'ils sont : des intentions. À l'instar de l'illustre Thomas, ils préfèrent accorder du crédit à ce qu'ils voient plutôt qu'à ce qu'ils entendent. Peut-on les en blâmer ? Cette méfiance grandissante contraint cependant les patrons à l'exemplarité, mais également à la constance et à la cohérence jusque dans les moindres détails de l'action quotidienne. La confiance ne se gagne qu'à ce prix.

Dans son ouvrage *Diriger*, Bennis rapporte l'anecdote suivante à propos de Sun Tzu, un célèbre général chinois qui vécut il y a quelque 2 500 ans. « Le roi donna l'ordre à Sun Tzu de dresser son armée; celui-ci s'exécuta et, après avoir discipliné ses hommes à sa convenance, demanda au roi d'inspecter ses troupes. Le roi ayant refusé de procéder à l'inspection, Sun Tzu déclara calmement : "Le roi aime les paroles, mais est incapable de les traduire en actes". » (p. 119) En aucun cas, le leader ne doit se dérober à ses responsabilités : il en va de sa crédibilité.

Les dirigeants ont l'obligation de devenir des modèles de comportements conformes aux valeurs qu'ils énoncent, soutient John H. Saunders. Mais « il est tout aussi essentiel de se montrer conséquent dans l'adoption de ces nouveaux modèles de gestion si l'on veut qu'ils soient graduellement adoptés par tous les autres niveaux de l'organisation » (Groupe Innovation, 1993, p. 128). La meilleure manière de se montrer conséquent est encore de passer des intentions, souvent exprimées dans les rapports annuels, aux actes concrets. Par exemple, en modifiant les processus de gestion et la structure organisationnelle, suggère Warren Bennis. C'est ce qu'a réalisé Binney & Smith.

Il y a cinq ans, le manufacturier, qui fabrique et distribue du matériel artistique sous les marques Crayola et Liquitex et le matériel de bureau de marque Magic Marker, s'est engagé dans un processus de changement organisationnel majeur. Sa structure a été aplanie et le pouvoir a été remis entre les mains d'employés rassemblés en plusieurs équipes autonomes. Ces équipes ont désormais la liberté de prendre d'importantes décisions pourvu que celles-ci soient conformes aux objectifs et valeurs énoncés par l'entreprise. (Groupe Innovation, 1993, p. 126)

• • • • • • • • • • • •

La confiance qu'un individu peut inspirer est fondée sur un équilibre entre l'audace, la compétence et l'intégrité.

• • • • • •

Selon Warren Bennis, la confiance qu'un individu peut inspirer à autrui est fondée sur un équilibre ténu entre trois éléments fondamentaux : l'audace, la compétence et l'intégrité. « Ce sont ces qualités qui peuvent permettre de passer de la parole aux actes. » Que l'un de ces éléments fasse défaut et l'équilibre sera rompu. En l'absence d'intégrité, l'audace et la compétence produiront un « *classic destructive achiever* » – un leader « anthropophage » dirait Hervé Sérieyx. Les employés, des ouvriers aux cadres supérieurs, disent d'ailleurs souvent, en parlant d'un leader qu'ils apprécient, qu'il est « fait tout d'un bloc »; que sa vision lui colle à la peau; qu'avec lui, les surprises sont rares; que tout un chacun sait toujours à quoi s'en tenir. Ces leaders inspirant confiance portent en quelque sorte leurs comportements et idées comme d'autres portent un vêtement.

Le leader provoque « par le respect qu'il témoigne envers son entourage les changements d'attitudes qui ne se commandent pas, mais qui sont le fruit d'une confiance réciproque, d'un engagement de chacun à faire sa part pour que l'ensemble de l'équipe connaisse le succès », signale Gaétan Lussier (Groupe Innovation, 1993, p. 87).

Le lecteur aura bien sûr compris que pour rassembler ces qualités permettant d'inspirer la confiance, le leader doit d'abord et avant tout avoir une grande confiance en lui-même... L'assurance en ses propres moyens est souvent comme un sésame.

Sur l'espoir

Tous les leaders sont convaincus de pouvoir influencer le cours des événements. Ils ont confiance en eux. En un mot comme en cent, ce sont des « optimistes », résume Warren Bennis. Ils voient les choses d'un œil positif. Pour eux, un verre n'est jamais à demi vide, il est toujours à moitié plein. Les mots « échec » et « faillite » n'ont presque aucun sens pour eux. Une erreur devient une occasion dont ils peuvent tirer profit, ou à tout le moins des leçons qui permettront de mieux faire la prochaine fois. Pour d'autres, certainement les plus optimistes d'entre tous, une erreur n'est en fin de compte qu'une autre manière de faire quelque chose ! On l'aura compris, les leaders sont portés par le sentiment qu'ils n'échoueront pas. Ils sont porteurs d'espoir. Quelques aigris diraient peut-être « marchands d'espoir ».

Pour Warren Bennis, la peur de l'échec entraîne souvent l'échec et vice-versa. C'est ce qu'il appelle dans son ouvrage *Diriger* l'effet

« Wallenda ». Karl Wallenda, funambule mondialement connu pour ses prouesses sans filet au-dessus des gratte-ciel, a vécu sa vie sur la corde raide. Après qu'il se fut tué en 1978 au cœur de San Juan, à Porto Rico, sa femme raconta qu'il ne pensait plus qu'à la chute alors qu'auparavant il ne s'était jamais arrêté à cette éventualité...

Le leader pousse les gens à adopter une vision motivante de l'avenir. « Comme les meilleurs parents avec leurs enfants, les meilleurs leaders sont ceux qui donnent de l'espoir à l'organisation », affirme Warren Bennis. N'a-t-on d'ailleurs pas dit que la conquête de la Coupe Stanley par le Canadien de Montréal cette année était attribuable à son entraîneur ? Jacques Demers est parvenu « à faire croire » à son équipe, composée de joueurs aux talents moyens, qu'elle pouvait l'emporter ! L'espoir, conclut Warren Bennis sur cette question, n'a rien d'anecdotique. « Ce sont des possibilités qui s'ouvrent. Contrairement au désespoir qui conduit la plupart du temps vers des portes déjà closes. » Brossant le portrait général du véritable leader, lui et son collègue universitaire Burt Nanus (1985, p. 71) observent que

> **[celui-ci] tire plus qu'il ne pousse les gens. Ainsi, le dirigeant exerce une influence en attirant et en stimulant les autres vers une vision passionnante de l'avenir. Il motive par identification plus que par le jeu des récompenses et des sanctions. Les dirigeants dont nous parlons énoncent et incarnent les idéaux vers lesquels tend l'organisation. Ils participent eux-mêmes – et font participer les autres – à une vision selon laquelle ces idéaux peuvent être atteints et valent la peine d'être atteints.**

Paraphrasant Peter Drucker et Warren Bennis, Claude Béland, du Mouvement Desjardins, a pour sa part tracé un parallèle entre les dirigeants de demain et les chefs d'orchestre. Il arrivera que l'orchestre faussera, a-t-il concédé dans son allocution clôturant la conférence, il ne faudra pas alors tenter de faire jouer tous les musiciens à l'unisson, mais plutôt en harmonie.

> **Chacun possède son instrument et tous ces instruments sont importants. Et tous doivent en jouer de la meilleure façon possible. C'est ainsi que cela pourra finir par faire une symphonie qui se tient. Nous réussirons à gérer le changement si nous comprenons que toutes nos ressources humaines ont un rôle extrêmement important à jouer**

et lorsque nous aurons réussi à aller chercher chez nos gens ce qu'ils ont de plus précieux : leur intelligence, leur créativité et leur dynamisme. (Claude Béland, président du Mouvement Desjardins)

Des leaders « transformationnels »

De l'avis de Noel M. Tichy, désormais et pour longtemps, la vie dans une organisation ressemble et ressemblera à un drame en trois actes, dont le scénario peut se résumer ainsi : après avoir crié « Au feu ! » à la volée le leader doit indiquer aux personnes présentes où se trouvent les sorties, c'est-à-dire la direction. Ou, à tout le moins, les avoir pointées du doigt à maintes et maintes reprises au préalable. « L'énergie émotionnelle » des uns et des autres stimulée par le cri pourra ainsi être canalisée. On évitera donc la panique généralisée toujours susceptible d'engendrer des débordements de toutes sortes. La foule, sachant où elle doit se rendre afin de ne pas se trouver piégée par la catastrophe, confiante et mobilisée comme un seul homme, se dirigera calmement vers les bonnes issues. Enfin, le leader devra institutionnaliser cette façon d'aller continuellement d'un point à l'autre en fonction des événements (voir figure 6).

Dans un monde en recomposition, le leader ne doit pas tolérer le statu quo. Sa tâche doit consister à transformer, métamorphoser, et reconstruire son organisation continuellement. Cette « reconstruction », précise Noel M. Tichy, implique nécessairement une « destruction » de culture, de manière d'être et de faire, mais là encore, de façon constante et perpétuelle. L'aptitude à faire face aux changements est une condition *sine qua non* au développement d'une organisation moderne. Évidemment, cette remise en cause perpétuelle de l'organisation requiert la mise en place d'une structure souple capable de réagir à la vitesse de l'éclair aux signaux provenant de partout à la fois. *In fine*, les capacités des leaders se jugent toujours à la capacité qu'ils ont eu d'accroître la valeur de leur organisation. À leur départ, la valeur de l'organisation qu'ils pilotent doit être supérieure à ce qu'elle était à leur entrée en fonction.

Noel M. Tichy est le conseiller principal de Jack Welch de General Electric depuis 1982. Il a aussi assumé la direction du réputé centre de formation en gestion de GE à Crotonville, aux États-Unis. Il est de plus coauteur, avec Stratford Sherman, directeur de *Fortune*, de *Control Your Destiny or Someone Else Will*, dont le sous-titre est *How Jack Welch is Making General Electric the World's Most Competitive Company*. À ses yeux, Jack Welch est le prototype presque parfait du

« leader transformationnel ». En dépit d'un siècle d'éclatants succès chez GE, il n'a pas hésité à prendre le taureau par les cornes et « jeter bas l'ordre établi » (Groupe Innovation, 1993, p. 146). Résultat : la valeur des actions de General Electric a quintuplé depuis 1981 ! Le géant international aux activités très diversifiées réalise des bénéfices records et se classe aujourd'hui parmi les entreprises les mieux cotées des États-Unis.

FIGURE 6

Le leadership transformateur : une pièce en trois actes

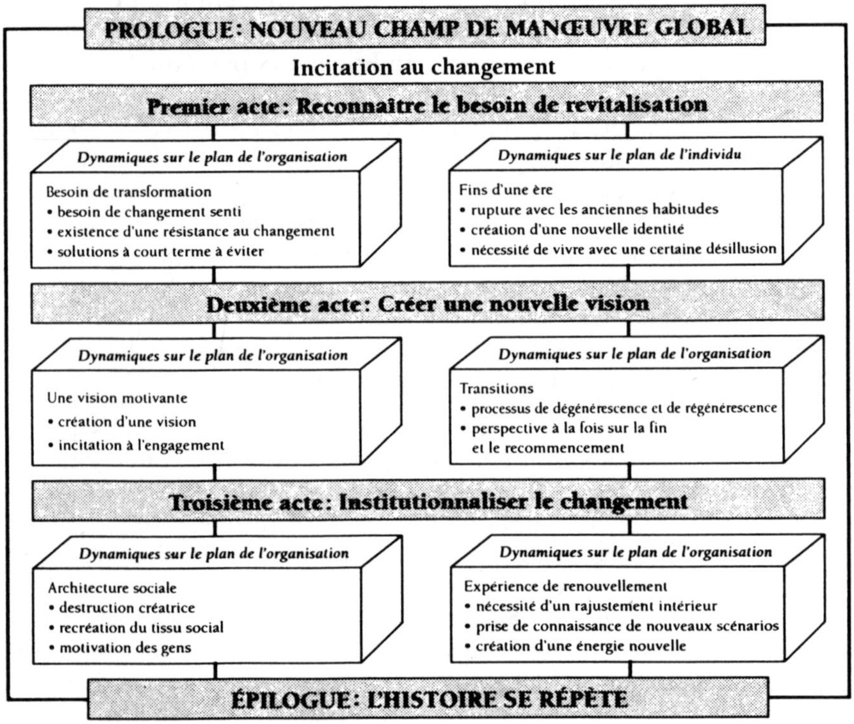

Selon Jack Welch, toute révolution managériale doit s'accompagner de quelques idées maîtresses : les leaders doivent accepter que des erreurs puissent être commises, ils ne doivent pas s'attendre à ce que les transformations managériales internes produisent des résultats immédiats (quand elle n'est pas de l'entêtement, la patience est une vertu), ils doivent préférer la communication interpersonnelle à toutes les autres et enfin, savoir prendre des décisions difficiles, mais sans jamais faire fi de leurs conséquences individuelles (Groupe Innovation, 1993, p. 151).

Conclusion

« L'être humain entier » et le nouveau pacte social

Le « Pont stratégique » et les « Cinq F »

Art McNeil, John H. Saunders et Warren Bennis ont tous trois synthétisé leur réflexion sur le management de demain, et les façons d'y parvenir, à l'aide de petits outils très simples, facilement mémorisables. Le premier a dessiné un graphique, baptisé « Le pont stratégique », les deux autres ont établi des codes mnémotechniques.

Le « Pont stratégique » de Art McNeil contient l'ensemble des éléments qui, mis bout à bout et dans le bon ordre, peuvent permettre à une organisation de passer d'un type à l'autre (voir figure 7). Tout doit bien sûr débuter par une analyse exhaustive de la situation présente. « Pas celle d'hier mais bien celle d'aujourd'hui », insiste Art McNeil, dans tous les domaines des indices précoces de ce qui pourrait être existent. « Il faut, à l'aide des informations provenant de multiples sources et de toute part, passer en revue tout ce qui se passe chez soi et dans le monde, tant dans ses marchés, que chez les concurrents ou au plan des nouvelles technologies. » Toutes les parties prenantes à l'organisation ont le devoir de faire le tour de leurs jardins mondial, national et local.

En dépit de la mondialisation des échanges, les entreprises ne doivent pas river leurs yeux uniquement sur les autres continents, prévient Art McNeil. Il rappelle qu'il faut se méfier des plus petits que soi, peu importe où ils se trouvent dans le monde, car le concurrent de demain est peut-être une toute petite entreprise installée à quelques rues d'ici. « Des entreprises que l'on prend pour des petits joueurs, qui sont des concurrents marginaux, peuvent réagir très rapidement. Leurs structures sont légères et leurs investissements moins lourds à supporter. » La vigilance est donc de mise.

FIGURE 7
Pont stratégique

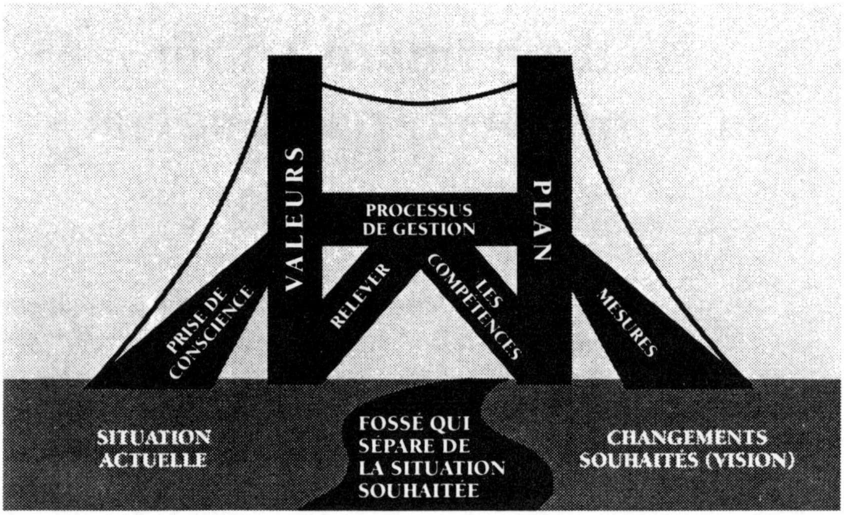

Warren Bennis affirme, pour sa part, que c'est dans l'interprétation de cette masse d'information que réside l'un des grands arts du leadership. Il faut toutefois prendre garde de ne jamais se laisser submerger par le flot d'information, ajoute-t-il. Dans l'information comme dans le reste, il convient toujours de séparer le bon grain de l'ivraie. Une fois l'exercice de compilation complété, poursuit Art McNeil, les leaders des organisations doivent ensuite imaginer ce qui pourrait être à partir de ce qui est. Afin de permettre à l'organisation de franchir la rivière séparant l'état présent de l'état souhaité, l'organisation devra se mobiliser derrière une « vision » de l'avenir. Elle devra ensuite déterminer de quelle manière utiliser les différents outils à sa disposition (outils technologiques, financiers, humains) et mettre en place les processus requis permettant de satisfaire et d'enchanter la chaîne de partenaires.

Telle que décrite jusqu'ici, cette structure ne diffère en rien de ce que tout bon consultant peut suggérer, convient l'Ontarien McNeil. Le consultant rassemble et collige un maximum de données, trace une vision, convainc tout le monde de son bien-fondé, développe des processus permettant d'y parvenir et crée des outils permettant d'en mesurer les résultats. Or, « tout bon ingénieur affirmerait que la structure ainsi construite repose sur du sable », et qu'elle menace de s'écrouler à tout moment. Il y manque notamment l'instauration de valeurs, lesquelles doivent servir à cimenter l'autonomie, ainsi que la mise en place d'un plan d'actions. Ce plan se distingue de la vision en ce qu'il s'attache aux moyens à mettre en œuvre pour atteindre des objectifs à court terme. La vision n'indique pas avec précision comment y parvenir; les deux sont cependant indissociables. Le plan est en fait un outil permettant d'avancer pas à pas vers la vision. Or, chaque fois que l'on s'en rapproche, la vision se modifie parce qu'elle est mouvante et que le point de vue d'où elle a été établie n'est plus le même. Le plan doit donc se modifier de façon concomitante.

Enfin, pour que la structure puisse affronter les vents changeants, conclut Art McNeil sur son pont stratégique, les signaux lancés par la haute direction doivent se concrétiser par la mise en place d'actions concrètes, et les compétences des uns et des autres doivent pouvoir être revues ainsi qu'affinées au gré des besoins.

Les « Cinq F » de John Saunders forment quant à eux un aide-mémoire précieux. Les voici présentés dans l'ordre :

« *Focus* ». Il doit d'abord et avant tout être réglé sur la satisfaction – Art McNeil dirait « l'enchantement » des consommateurs. Le client-roi ne peut être enchanté que si chaque employé en fait sa priorité, rappelle John Saunders.

« *Fast* ». De plus en plus, ce qui fera la différence entre les organisations gagnantes et les autres dépendra beaucoup de leur capacité à répondre et réagir promptement aux besoins du marché en innovant constamment.

« *Flexible* ». Il s'agit ici de la capacité qu'auront les organisations d'être totalement différentes d'une année à l'autre en fonction des changements survenus dans leur marché.

« *Flatten* ». Pour répondre aux trois directives précédentes, l'organisation devra avoir aplani sa structure hiérarchique et développé les échanges horizontaux. Fondé sur le principe de subsidiarité, le pouvoir devra avoir été remis entre les mains des employés les mieux placés et les plus compétents pour effectuer telle ou telle tâche. Les initiatives devront pouvoir émaner de toutes les catégories socio-professionnelles de l'organisation.

« *Fun* ». Afin d'accomplir de grandes choses, les employés doivent aimer ce qu'ils font. Ils doivent avoir du plaisir à travailler pour l'organisation qui les emploie. « N'oublions pas, souligne John H. Saunders, que nous passons plus de temps sur les lieux du travail que chez soi à jouir d'autres activités. »

Soucieux de synthétiser encore davantage, Warren Bennis rappelle quant à lui que les organisations du XXIe siècle devront avoir substitué l'acronyme ACE (signifiant « *Alignement* », « *Creativity* » et « *Empowerment* ») à l'acronyme COP (pour « Contrôle, « Ordre » et « Prévisibilité »). « *Empowerment* », que plusieurs traduisent par le mot « habilitation » est en fait une véritable passation des pouvoirs de haut en bas permettant de faire de chaque employé un véritable auteur et acteur de son travail, ce qui est une autre manière de parler de « l'auto-management ».

Sortir l'être affectif du vestiaire

À la manière d'Alphonse Allais, un humoriste français aujourd'hui décédé, qui disait du café qu'il « est la chose qui permet de dormir quand on n'en prend pas », Hervé Sérieyx est d'avis que « les organisations, c'est vraiment ce qui permet d'évoluer quand on en change ! » « Et au cœur du changement se trouve notre capacité de faire en sorte qu'on ait dans nos organisations des hommes et des femmes volontaires, solidaires, ouverts, libres et vivants. Cela peut paraître simple, mais c'est le défi majeur des organisations de demain. » Celui qui fonde tous les autres. Mais pour y parvenir, chacun devra retrouver en lui la somme de ses éléments constitutifs.

Comment se fait-il que nos organisations aient tant de mal à s'adapter ? Comment se fait-il qu'autant de personnes trouvent assommant leur travail ? Comment se fait-il que l'on ne parvienne pas à enrayer la déshumanisation des rapports dans l'entreprise ?

Cela vient, je crois, de ce que chacun d'entre nous est divisé. On a d'un coté l'être rationnel, de l'autre, l'être affectif. On a un cerveau gauche et un cerveau droit. Il ne faut plus laisser son affect, son imagination et sa poésie au vestiaire pour les récupérer le soir même. [D'autant plus que l'on risque un jour de les égarer...]

Lorsque nous entrons le matin dans l'entreprise, nous pensons que pour être sérieux il faut aussi être emmerdant ! Soyons plutôt vivants. Car si nous ne le sommes pas, nous ne nous parlons pas vraiment. Nous ne nous rencontrons pas réellement. Ne nous coupons donc plus en deux. Nos organisations sont appauvries par tout cela.

Ce que Hervé Sérieyx (1993, p. 301) appelle le « grand absent » dans son dernier ouvrage est en fait « la somme des talents que nous avons perdus ou que nous ne savons pas assez souvent mettre en œuvre ». Les organisations du futur trouveront d'autant plus aisément leur marge de manœuvre que chacun saura faire preuve de quelques qualités essentielles. Par souci de compréhension, Hervé Sérieyx, les a regroupées dans une famille de E.

Éthique. Nous devons être des êtres d'éthique. Plus nous aurons à affronter un monde dans lequel il n'y plus aucune certitude, plus nous devrons devenir des hommes et des femmes d'éthique et de conviction. Il nous faudra être capable de croire à quelque chose afin de donner du sens à nos actions et à celles des autres.

Écoute. Il vaut mieux apprendre que savoir. Et l'écoute est une façon simple d'apprendre tout le temps.

Enthousiasme. L'enthousiasme est une nécessité. Lorsque jour après jour nous arrivons au boulot avec une mine déconfite, il y a peu de chance que les personnes nous côtoyant aient longtemps envie d'apporter un peu d'elles-mêmes. Elles aussi ont leurs soucis. L'enthousiasme des dirigeants et de la haute direction est ce qui permet de faire des organisations des lieux où il fait bon vivre.

Engagement. L'engagement des dirigeants dans tous les changements évoqués est impératif. [Sans eux, le statu quo demeurera.]

Ensemble. Souvenons-nous que l'on ne peut être performant qu'ensemble. Car, en bout de ligne, le sort de chacun est toujours lié à celui des autres.

Tout est organisation

En extrapolant un peu, on peut avancer que tout est organisation : la famille, une commission scolaire, un hôpital, une ville, un marché d'alimentation, une librairie, une manufacture de vêtements, une société de transport, etc. Plus ou moins formellement constituée, chacune de ces organisations en contient plusieurs autres en son propre sein. Les couches se superposent ainsi pour composer, à un autre degré, une autre organisation : l'État.

Depuis que la mondialisation des échanges les a placés en situation de concurrence, la plupart des gouvernements du monde occidental reconnaissent qu'il existe un lien très étroit entre l'efficience de leur appareil administratif et les performances globales de leur économie nationale. Ils reconnaissent que la différence entre les États-nations dépend de plus en plus des espaces que les uns et les autres aménagent afin de permettre au nouveau modèle productif d'émerger. Soit qu'ils freinent l'adaptation des entreprises aux défis de l'heure en les écrasant de leur poids bureaucratique, soit qu'ils tentent de les accompagner.

Si les chocs politiques, économiques, technologiques et sociologiques imposent l'excellence aux organisations privées, les États doivent donc eux aussi accomplir leur aggiornamento. Quelle qu'elle soit, l'organisation est devenue incontournable dans nos sociétés. Elle est un trait de nos civilisations. C'est à travers les organisations que les hommes et les femmes se projettent dans la société. Elles sont le miroir des relations que nous entretenons les uns avec les autres. C'est ainsi que celles qui tentent de se redéployer sur les ruines d'un monde qui s'éteint et les fondations de celui qui émerge sont en quelque sorte des laboratoires *in vivo* de ce que pourraient être les rapports futurs des êtres humains entre eux et avec leur milieu.

Le regard empathique

Pour Omar Aktouf (1989, p. 449, 450), les gestionnaires de l'an 2000 ne devront pas oublier « la leçon des principes physiques de l'univers qui font que tout gain, y compris économique, en un lieu correspond à une perte équivalente ailleurs. Et ce raisonnement, précise-t-il, est valable autant au niveau du rapport employé–employeur, qu'à celui du rapport nations nanties–nations démunies. L'affaiblissement d'autrui finira tôt ou tard par nous atteindre, quelle que soit notre force ».

« Faire plus de profits au détriment des salariés, de la nature, des chômeurs ou des pays les plus pauvres n'est qu'une façon provisoire de se mettre à l'abri, de croire se mettre à l'abri. » La politique de la terre brûlée pratiquée par Attila et Cie conduit tout droit vers le précipice.

Mieux traiter l'environnement, nos employés et nos partenaires moins nantis, c'est assurer moins de gaspillage et plus de productivité, c'est assurer des possibilités d'échanges effectifs (un pays ruiné ne peut rien échanger avec personne, sinon sa misère), c'est donc, au bout du compte, assurer un meilleur avenir pour tous, à commencer par soi-même.

Comme plusieurs des auteurs et conférenciers cités dans les pages précédentes, Omar Aktouf estime que le libéralisme anarchique des années 80 ne peut faire bon ménage avec le nouveau modèle productif dont tous sentent l'impérieuse nécessité. Défiant les accusations d'angélisme des uns et le cynisme des autres, de plus en plus de gens d'affaires en appellent d'ailleurs à un sursaut d'éthique dans nos sociétés atomisées. Ils estiment qu'il appartient aux dirigeants de toutes les organisations privées, publiques ou parapubliques de prêcher par l'exemple.

Claude Béland, pour sa part, croit que les organisations devront mieux s'inscrire dans leur milieu, lequel est composé de femmes et d'hommes épris de sentiments de justice et d'équité. Elles devront s'en enrichir autant que l'enrichir. « Les bonnes organisations de demain seront-elles celles qui versent les plus forts dividendes au plus petit nombre possible d'actionnaires ou celles qui contribuent à la création d'emplois dans leur milieu ? »

« Une société prospère est une société qui fait participer et travailler tout son monde. Les projets qui réussissent sont toujours les plus généreux et les plus élevés. » C'est ainsi que si nous avons au Québec le désir de former une société digne de ce nom, nous avons le devoir de dresser la table pour tous, conclut Claude Béland.

L'adaptation des organisations nord-américaines aux révolutions socio-économiques en cours – si tant est qu'elle se fasse par la libération des talents des hommes et des femmes œuvrant dans les organisations – les rendra à terme plus efficaces et plus productives. Tant et si bien que, dans quelques années, les nouvelles organisations requerront peut-être encore moins d'employés et de travailleurs qu'aujourd'hui. Mais faut-il s'attrister de ce que l'on puisse produire mieux et plus en travaillant globalement moins ? Certes non, affirment économistes et sociologues. Pourvu, ajoutent-ils cependant, que les termes du pacte social liant l'ensemble des citoyens soient eux aussi modifiés. Car lorsque l'amélioration de la performance des organisations menace de se conjuguer à une hausse du chômage, il convient selon eux de songer à la signature d'un nouveau pacte social entre l'ensemble des citoyens sur le partage du temps de travail et du temps de loisir ainsi libéré. En l'absence de quoi, de plus en plus de personnes continueront de faire les frais de la bonne performance des entreprises, ce qui est un non-sens.

Quoi qu'il en soit, ceux qui se plaignent, souvent à bon droit, de la disparition de grands débats de fond au sein des sociétés occidentales devraient bientôt avoir matière à réjouissance, car de grands débats se profilent à l'horizon. Mais laissons à Hervé Sérieyx (1993, p. 88), dont les réflexions ont permis d'alimenter ce compte rendu de bout en bout, le plaisir du mot de la fin :

> [Ce n'est qu'avec] un regard plus large, plus empathique et plus généreux que l'on peut voir plus loin et vivre plus longtemps.

Bibliographie

ALBERT, Michel (1991). *Capitalisme contre Capitalisme*, Paris, Seuil.

AKTOUF, Omar (1989). *Le management entre tradition et renouvellement*, Boucherville, Gaëtan Morin Éditeur.

BENNIS, Warren et Burt NANUS (1985). *Diriger*, Paris, InterÉditions.

BOYER, Roger et Jean-Pierre DURAND (1993). *L'Après-fordisme*, Paris, Syros, 174 pages.

CROZIER, Michel (1987). *État moderne, État modeste,* Paris, Fayard.

CROZIER, Michel (1989). *L'entreprise à l'écoute*, Paris, InterÉditions.

CLUB DE ROME, Alexander KING et Bertrand SCHNEIDER (1991). *Question de survie*, Paris, Calmann Lévy.

DRUCKER, Peter (1993). *Au-delà du capitalisme*, Paris, Dunod, 240 pages.

FORTUNE, « Managing the Chaos », Tim Life Building, Rockefeller Center New York, Time Inc., avril 1993.

GAGNÉ, Pierrette et Michel LEFEBVRE (1993). *L'entreprise à valeur ajoutée*, Montréal, Publi-Relais.

GROUPE INNOVATION (1993). *À la recherche de l'organisation de demain*, Québec.

GROUPE INNOVATION (1992). *La communication interne au Québec*, Québec, Les Publications du Québec.

HAMPDEN-TURNER, Charles (1992). *La culture d'entreprise*, Paris, Seuil.

MCNEIL, Art (1982). *The I of the Hurricane*, Toronto, Stoddart Publishing.

MCNEIL, Art et Jim CLEMMER (1990). *La stratégie V.I.P.*, Saint-Laurent (Québec), Éditions du Trécarré.

PETERS, T. (1992). *Liberating the Management*, New York, Alfred Knopf Inc.

PETERS, T. et R.H. WATERMAN (1983). *Le Prix de l'excellence*, Paris, InterÉditions. Traduction de l'ouvrage *In Search of Excellence : Lesson from America's Best-Run Company*, New York, Harper and Row, 1982.

SENGE, Peter M. (1990). *The Fifth Discipline*, New York, Doubleday Cuning.

SÉRIEYX, Hervé (1993). *Le Big-Bang des organisations*, Paris, Calmann Lévy.

TICHY, Noel M. et Stratford SHERMAN. *Control your Destiny or Someone Else Will*, Doubleday/Currency, 384 p.

YOSHINO, Michael Y. et Thomas F. LIFSON (1990). *The Invisible Link : Japan's Sogo Shosha and the Organization of Trade*, Boston, Mass., MIT Press, 300 p.

Biographie des conférenciers

Michel Rocard

Premier ministre de France

Homme d'État bien connu, Premier ministre de France de 1988 à 1991, Michel Rocard a été à l'origine du mouvement et des actions de rénovation dans l'administration publique française.

Gregory Schmid

Senior Research Fellow

Brillant conférencier, Gregory Schmid s'intéresse particulièrement à la prévision à long terme et à la planification stratégique. Il dirige également la recherche et contribue à la publication annuelle du *Ten-Year Forecast.*

Charles Hampden-Turner

Professeur associé en dynamique des systèmes au MIT à Boston et Senior Research Fellow à la London Business School.

Il a conseillé des firmes internationales de premier plan comme Shell, ICI, Philips, Apple Computer et Digital Equipment Corporation. Il vient de publier *La culture d'entreprise* et publiera prochainement *Seven Cultures of Capitalism.* Dans le premier ouvrage, l'auteur relève les dilemmes que peut créer une culture d'entreprise et présente les façons de les résoudre.

Michael Y. Yoshino

Directeur de la recherche au Harvard Business School

Michael Y. Yoshino, reconnu comme l'un des meilleurs interprètes occidentaux de la culture japonaise, professeur en Business Administration et directeur de la recherche à la Harvard Business School, il s'intéresse tout particulièrement aux tactiques de la compétition, aux stratégies globales et à l'organisation.

Omar Aktouf

Professeur agrégé de management

Omar Aktouf est membre du bureau directeur de l'International Standing Conference on Organizational Symbolism et professeur invité à l'École supérieure de Commerce de Paris.

Ses études en psychologie, en gestion-économie du développement et en management ont amené monsieur Aktouf aux HEC de Montréal, d'où il mène une carrière de consultant et de conférencier international. Il a publié en 1989 *Le management entre tradition et renouvellement.*

Warren Bennis

Professeur en administration des affaires à l'Université de Southern California

Professeur en administration des affaires à l'Université de Southern California, Warren Bennis est l'auteur de dix-huit volumes dont trois publiés en 1989 : *On Becoming a Leader* traduit en douze langues et *Why Leader can't Lead* et *The Unreality Industry* écrit en collaboration avec Ian Mitroff.

Après l'obtention de son doctorat en économie et sciences sociales au Massachusetts Institute of Technology, le docteur Bennis a œuvré plusieurs années à la faculté du MIT Sloan School of Management et succédé à Douglas McGregor comme président du Département des études organisationnelles. Il a été acclamé pour ses travaux de pionniers sur la dynamique des organisations; ses recherches approfondies sur les pratiques du leadership ont abouti à la publication en 1985 de *Leaders : The Strategies for Taking Charge* avec Burt Nanus. Traduit en onze langues, ce volume a été cité comme le meilleur livre de gestion de l'année par la revue *Harvard L'Expansion* pour son édition française.

William J. O'Brien

Président d'Hanover Insurance

William J. O'Brien a été président et chef des opérations de Hanover Insurance Companies de 1979 à 1991. O'Brien et son prédécesseur, Jack Adam, ont été les architectes de la remarquable transformation de la situation financière de l'entreprise. Au cours des années 60, cette compagnie occupait le dernier rang de l'industrie selon tous les standards mesurables. Durant les années où O'Brien a occupé le poste de commande, la compagnie a effectué de spectaculaires changements tant sur le plan de la rentabilité, de la croissance que de la réputation.

John W. Baker II

Ph.D., BCV Associates

John W. Baker II a obtenu un doctorat en psychologie clinique de l'Université de West Virginia. Auteur de nombreux articles spécialisés et conférencier reconnu, il est également consultant en ressources humaines depuis 1971. À ce titre, il a travaillé avec de grandes compagnies multinationales dans de nombreux pays répartis sur tous les continents.

Gaétan Lussier

Président des Boulangeries Weston Québec

Sous-ministre pendant de nombreuses années dans la fonction publique, tant fédérale que provinciale, sa réputation n'est plus à faire. Depuis 1988, il est président des Boulangeries Weston.

John Saunders

Directeur chez Binney & Smith

Directeur des opérations de la firme Binney & Smith, à Lindsay en Ontario, il a joint les rangs de cette compagnie en 1970, au siège social, en Angleterre, à titre d'ingénieur industriel. En 1974, on lui a confié le démarrage de la première usine en Hollande. Une fois, ce projet terminé, il a été transféré au secteur canadien des opérations, en Ontario, pour diriger le secteur manufacturier.

Au cours des dernières années, il a été l'un des principaux leaders du changement, étroitement associé à l'élaboration et à l'implantation d'une profonde transformation dans tous les aspects du fonctionnement de l'entreprise.

Art McNeil

Président de la firme Achieve International

Homme d'affaires, entrepreneur, consultant et auteur à succès, Art McNeil s'est taillé une réputation internationale en soutenant les cadres supérieurs d'entreprises et en les aidant à passer « de l'inspiration et de la connaissance... à l'action ». Fondateur et président de la firme Achieve International qui se spécialise dans les changements de culture au sein d'organisations complexes, il dirige également les activités internationales de la firme Zenger Miller, importante firme californienne spécialisée en formation et en consultation.

François Perdrizet

Directeur de la direction départementale de l'Équipement de la Moselle.

Avec une foi à soulever des montagnes, il a entrepris d'introduire de nouvelles méthodes de travail dans un service de l'État respecté pour sa rigidité et son austérité, et le miracle s'est produit.

Depuis cinq ans, la culture de cette organisation a été profondément modifiée par l'action soutenue de son directeur qui a su introduire une éthique visant tant le personnel que les clients pour faire de cette organisation un vaste chantier d'amélioration continue. Monsieur Perdrizet a récemment été nommé directeur du port autonome de Marseille.

Ivor K. Davies

Professeur en psychologie industrielle, Université d'Indiana

Docteur en psychologie industrielle, Ivor K. Davies enseigne à l'Université d'Indiana. Il est auteur de plus de 150 articles professionnels, et 7 de ses volumes ont été traduits en 15 langues. Il a été consultant sur les cinq continents pour des entreprises multinationales telles que General Electric, AT&T, Allied Signal, Reliability Center, Syncrude, DEC, International Paper Company and Hoechst Celanese, etc., ainsi qu'auprès de nombreux pays en voie de développement.

Brad Whitworth

Vice-président aux affaires publiques

Il est diplômé en journalisme de l'Université du Missouri et détient un MBA de l'Université de Santa Clara en Californie. Il a été président de l'International Association of Business Communicators (IABC) de 1989 à 1990 et président du secteur de la même organisation pour la Silicon Valley. Brad Withworth est un conférencier renommé et a animé des ateliers sur la communication chez General Electric, Northrop, Citicorp, American Red Cross, GTE et Honeywell.

Jay Garthwaite

Premier vice-président exécutif

Leviton Telcom. Cette compagnie familiale en pleine croissance, compte plus de 10 000 employés et son chiffre d'affaires s'élève à plus d'un demi-milliard de dollars. Concernée par le libre-échange avec le Canada et le Mexique, elle s'y adapte avec célérité et transférera sous peu une partie de ses opérations manufacturières de l'Asie au Mexique.

Jay Garthwaith, responsable d'initiatives étonnantes dans le développement d'un processus de fabrication qui doit s'adapter constamment, inspire une philosophie de management qui est à l'origine de ce prodigieux succès.

Hervé Sérieyx

Consultant

Hervé Sérieyx, conférencier de réputation internationale et consultant auprès d'administrations publiques de plusieurs pays, il a occupé plusieurs fonctions de direction notamment au sein du groupe alimentaire Lesieur et à la présidence d'Eurequip, firme de conseil en gestion.

Aujourd'hui président de Demeter Innovation, vice-président de l'Institut européen du Leadership et de l'Institut de développement régional et de l'espace européen ainsi que membre du conseil d'administration du Groupe CFC, Hervé Sérieyx est l'auteur de plusieurs ouvrages dont *L'entreprise du 3e type*, *Le Zéro mépris* et *Changer le changement*.

Noel Tichy

Professeur de gestion, Université du Michigan

Auteur de nombreux livres et articles, Noel M. Tichy est l'un des grands maîtres à penser du management sur la scène internationale.

M. Tichy est professeur de comportement organisationnel et de gestion des ressources humaines à la School of Business Administration, University of Michigan, où il dirige également le Global Leadership Program.

David M. Culver

David M. Culver a été président du conseil et chef exécutif chez Alcan de 1979 à 1989. À ce titre, il a été architecte des transformations qui ont fait de cette compagnie la plus prospère des années 80. Actuellement président de la Corporation CAI Capital, il est aussi président de Investissements D. Culver & Co. Inc.

Homme d'affaires respecté, reconnu pour son humanisme et les valeurs qu'il incarne, il est directeur de plusieurs grandes sociétés : American Express, Shearson Lehman Brothers Holdings inc., la compagnie Seagram, etc.

Sources des figures et tableaux

Table des matières

PREMIÈRE PARTIE

POURQUOI LE MANAGEMENT D'HIER NE MARCHE-T-IL PLUS ?

DEUXIÈME PARTIE

CE QU'IL FAUT DÉSORMAIS METTRE EN AVANT

Achevé d'imprimer
sur les presses de l'imprimerie IBP
à Fleury Essonne 91 (1) 69.43.16.16
Dépôt légal : Janvier 1995
N° d'impression : 6201